MARIE-HÉLÈNE LOPEZ
Inspecteur de l'Éducation Nationale

GRAPHISME EN GRANDE SECTION

VIVRE À LA MATERNELLE

NATHAN
pédagogie

Sommaire

ISBN 2.09.103209.3

I. Pour une nouvelle pratique du graphisme

1. GÉNÉRALITÉS

LE graphisme a été introduit à l'école maternelle pour préparer les enfants à l'écriture, depuis la petite section jusqu'à la grande section.

On a souvent, autrefois, exigé des gestes fins et précis, demandé, trop tôt, une grande maîtrise du tracé. On se souvient des exercices de graphisme exécutés au pinceau fin par des enfants bien peu capables de se servir d'un instrument aussi délicat. De plus, le geste n'était pas libre – il n'était pas question de s'essayer à tracer, de laisser l'enfant tester ses propres limites –, il était, la plupart du temps, guidé par un support. Il fallait repasser sur les lignes, ou sur les côtés verticaux de feuilles à gros carreaux, avec ce petit pinceau à poils fins qui faisait trembler la main. Des exercices de ce type, demandés dès la moyenne section, datent de 1945. Un peu plus tard, on a vu apparaître des fiches graphiques avec des modèles représentant des feuilles, des échelles, à compléter, ou des cupules de glands sur lesquelles il fallait exécuter de petits points, exercices toujours préconisés en employant un pinceau.

Il semblait convenu que la grande difficulté, le plus grand effort, fournis d'emblée, même par de jeunes enfants (petite section - moyenne section), allaient être source de progrès. On a ensuite mieux compris comment naissait et se développait l'habileté graphique chez l'enfant. Le graphisme préparatoire à la calligraphie a été soit abandonné, soit retardé.

Un graphisme-jeu, un graphisme « décoratif », a été introduit (principalement par G. Calmy). La main, le geste s'exercent, mais de manière différente. Des objectifs plus larges sont adoptés : on choisit de développer la **motricité fine.** Par ailleurs, les recherches et les réalisations de ces dernières années en arts plastiques nous permettent d'irriguer les situations de graphisme, de jeux et d'exercices intéressants, amusants et variés. Les résultats sont souvent esthétiques, dans le contexte des créations contemporaines, et ils échappent à la préoccupation de la représentation de la réalité, du « figuratif ».

2. PROPOSITION D'UNE DÉFINITION

a . Cinq points

■ Ce n'est pas du dessin au sens courant de ce mot, du moins pas du dessin visant la représentation figurative.

■ Plutôt que graphisme, il serait préférable d'utiliser les termes **d'activité graphique**, qui élargissent le champ des jeux et des exercices possibles.

■ Est activité graphique, ce qui permet à l'enfant d'exercer et de développer ses capacités en matière de motricité fine, mettant en jeu la main et le bras, **dans certaines conditions**.

■ Le développement de l'habileté graphique ne se fait pas sans l'éducation globale du corps, l'éducation physique, la motricité générale ; ni sans l'éducation sensorielle (développement des sensations et des perceptions), dont **l'éducation du regard**, que nous évoquerons seulement ici.

■ Le graphisme, ou l'activité graphique, est une activité qui, grâce au **geste**, laisse une **trace**, sur un **support**, grâce à un **instrument**, dans un **plan** donné.

b . Commentaire

En retenant, comme essentiel, le principe de **marquer**, laisser une **trace**, nous ouvrons largement la pratique du graphisme en classe… ou ailleurs. En la plaçant dans le droit fil des productions très variées des artistes contemporains, nous voyons les principes de notre travail se renouveler…

Par là même, l'activité graphique devient, pour l'enfant, une activité de plaisir, de jeu et d'entraînement tout à la fois. Elle le prépare **aussi** à l'écriture, mais par **réinvestissement** des habiletés acquises. Elle est aussi une part de l'éducation artistique à pratiquer en maternelle. Elle constitue, à plus long terme, une initiation culturelle aux arts plastiques de notre époque – qui sont souvent difficiles à faire apprécier à des adultes non initiés – par la pratique productive des classes qui s'y sont essayée, et les références qui peuvent y être introduites.

c . En conclusion

L'activité graphique définie de cette façon :

– donne du plaisir à être exercée ;
– ouvre le champ des découvertes possibles de l'enfant ;
– accroît ses pouvoirs ;
– transforme le graphisme en une activité qui n'est plus mineure, ni aussi rigide qu'autrefois ;
– est exercice du regard et de la main.

C'est une entrée dans le monde des traces et des tracés et de leurs infinies combinaisons, que l'œil suit avec bonheur.

3. GRAPHISME ET INTERDISCIPLINARITÉ

Ces jeux graphiques sont souvent *associés* à d'autres activités visant des objectifs voisins, mais spécifiques :
- déchiquetage ou découpage ;
- collage ;
- modelage ;
- pliage et travail du papier ;
- empreintes (papier ou tissu), frottages ;
- peinture.

Cette interdisciplinarité nourrit et renouvelle les jeux graphiques.

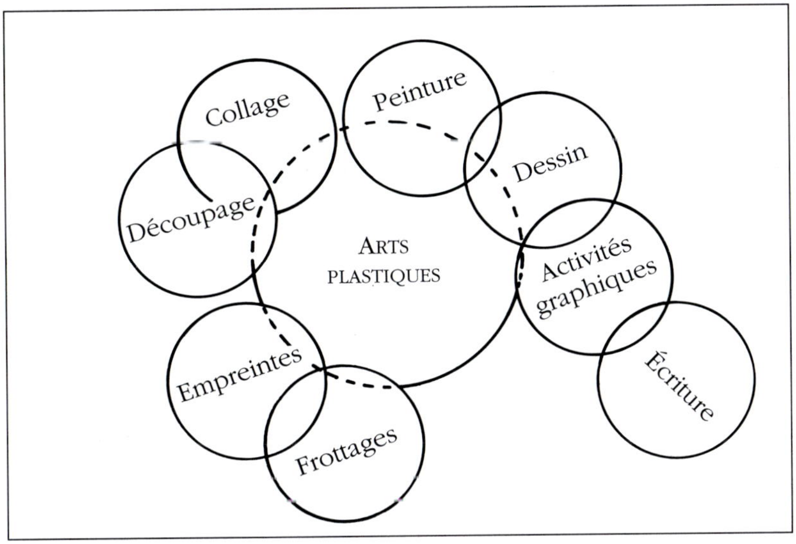

Exemple de réinvestissement de jeux graphiques : deux dessins réalisés par le même enfant pour illustrer une invitation à une fête, destinée aux parents. Il y a un mélange de dessin représentatif et d'utilisation de jeux graphiques "décoratifs".

Les activités graphiques ne sont pas complètement dissociables des autres activités d'arts plastiques. Elles permettent d'accroître les habiletés des enfants.

En somme, les activités graphiques peuvent aller vers des **situations d'extension et d'association.**

a . Situations d'extension

L'habileté graphique dépend des autres activités mettant en jeu la motricité fine et générale. Il s'agit donc de développer ces situations, que l'on peut mettre en œuvre dans des ateliers de :
– déchiquetage ou/et découpage et collage (travail libre et, par moment, sur consignes) ;
– bricolage - collage (travail en volume libre) ;
– modelage : pâte à modeler ou autres pâtes et terre (commencer, surtout pour la terre, par des situations libres).
Il s'agit aussi d'introduire certaines techniques moins courantes telles que :
– encres ;
– impression sur tissu et empreintes ;
– monotype ;
– peinture au doigt ;
– papier marbré, etc.

Sans oublier toutes les situations d'éducation physique et d'éducation sensorielle, mettant en jeu le corps dans des situations d'adaptation et d'exercices multiples.

b . Situations d'association

Il s'agit d'associer **plusieurs techniques à la fois** au graphisme, ce qui produit des effets nouveaux.

Il faut savoir provoquer ces associations, et les enfants sauront vite, d'eux-même, en trouver d'autres. En voici quelques exemples :
– graphisme **et** collage ;
– graphisme, découpage **et** collage ;
– peinture **et** graphisme ou peinture, graphisme **et** collage ;
– frottage **et** graphisme ;
– empreintes, collage **et** graphisme ;
– pliage **et** graphisme ;
– papier marbré **et** graphisme, etc.

4. ACTIVITÉ GRAPHIQUE ET MOTRICITÉ FINE

Il est bon de rappeler quelques-unes des conditions nécessaires pour parvenir à un stade évolué du développement graphomoteur.

a . Coordination oculo-manuelle

Elle reste toujours à travailler, même en grande section. Des activités menées avec l'aide de jeux éducatifs (comme certains jeux de construction demandant une grande précision de la main et une appréhension fine et rapide du regard pour saisir les informations qui vont guider le geste) sont à ne pas abandonner.

b . Coordination préhension-pression

Elle conditionne la tenue de l'outil et l'impact, la force de la trace sur le support :
– trop de pression à la préhension et les doigts, les mains, le bras sont crispés, les gestes maladroits ;
– trop peu de pression et les tracés sont peu sûrs, flous, peu visibles.

c . Coordination forme-direction

Elle n'est pas acquise complètement en grande section. Elle doit être travaillée sous maintes formes, même à l'école élémentaire. Il faut se représenter la difficulté du geste qui doit maîtriser une forme, tout en enchaînant dans le même mouvement lié et dans une direction donnée : droite, gauche, en haut, en bas…

d . Pouvoir construire l'espace

Il s'agit d'allier deux opérations différentes :
– analyse :
■ distinguer la forme, du fond et les détails, de la structure organisante,
– synthèse :
■ être capable de voir l'ensemble,
■ tenir compte de l'ensemble perçu pour discriminer les rapports entretenus par les formes, **entre elles,** les formes **et** les dimensions, les formes, les couleurs **et** le mouvement, la dynamique globale, etc. ;
■ être capable de percevoir, à la fois, l'espace de la feuille ou du support, ses limites, sa surface **et** les tracés en train de s'effectuer **et** les inter-relations de ces données.

Sans doute s'agit-il là d'un stade auquel nous ne parvenons pas toujours nous-mêmes. Pas plus dans un milieu naturel que dans un milieu urbain, très organisé par l'homme, ni même, parfois, devant une œuvre d'art, lorsqu'elle nous est trop étrangère.

Il nous faut une véritable éducation pour toute prise d'information et toute action sur notre milieu. Ces conditions nécessaires peuvent se transformer en objectifs à court, moyen ou long terme, selon le type de travail engagé avec les enfants, à condition – bien sûr – de les opérationnaliser.

II. La démarche pédagogique

1. DÉMARCHE DE DÉCOUVERTE

ELLE est tout à fait semblable à celle qui était définie dans le texte de février 1980 sur l'éducation physique. Non plus « une pédagogie du modèle, mais une pédagogie de la situation », disait le texte ; situations pouvant évoluer de l'une à l'autre en s'enchaînant. On peut comparer ainsi les deux domaines :

Étapes	Éducation physique	Activités graphiques
a.	*Essais libres* matériels - espaces, etc.	*Essais libres* – matières - instruments, supports, etc. ; – dans l'atelier graphisme ou/et sur piste graphique, tableau, etc.
b.	*Observation* (au cours des essais) noter, retenir les gestes, les actions intéressantes, les analyser.	*Observation* de l'enfant par l'adulte et des enfants entre eux.
c.	*Relances de l'action* variables : espaces, temps, matériel, mouvements, etc.	*Relances* – à partir des productions libres et des trouvailles spontanées ; – variables : quantité, espace, surface, couleur, etc.
d.	*Perfectionnement* – sur consignes du maître et après discussion avec les enfants ; – prolongements, combinaisons d'actions, progression dans les difficultés, etc.	*Perfectionnement et entraînement* – atelier de graphisme, en groupe (consignes du maître, discussion avec les enfants) ; – placer l'obstacle plus haut, en fonction des étapes a et c ; – associer le graphisme à d'autres activités ; – introduire des références culturelles.

2. La méthode de l'entonnoir

Ce **déroulement de l'activité** qui va de situations libres et larges (pas de consignes, ou consignes définissant un large cadre de travail), à des situations plus guidées, issues du travail et des réalisations des enfants, nourries de leurs propres observations, de leurs suggestions, constitue la meilleure démarche pour un travail efficace en graphisme. Il constitue une sorte de **pédagogie de l'entonnoir** au bon sens du terme.

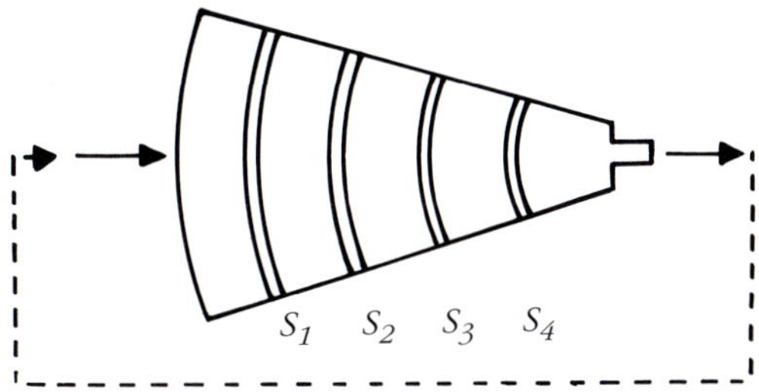

de la situation 1 à la situation 4, du global, du « libre » au « guidé » (avec retour possible en sens inverse).

3. Situations pédagogiques

Une situation pédagogique comprend deux faces différentes et complémentaires : la situation préparée, mise en place, vécue et observée puis analysée **par le maître** et la situation pédagogique vécue par l'enfant et les enfants entre eux, **avec le maître**. C'est un moment de la réalité où beaucoup de paramètres interfèrent. Le schéma suivant résume ces données.

Il faut savoir choisir et varier les situations pédagogiques.

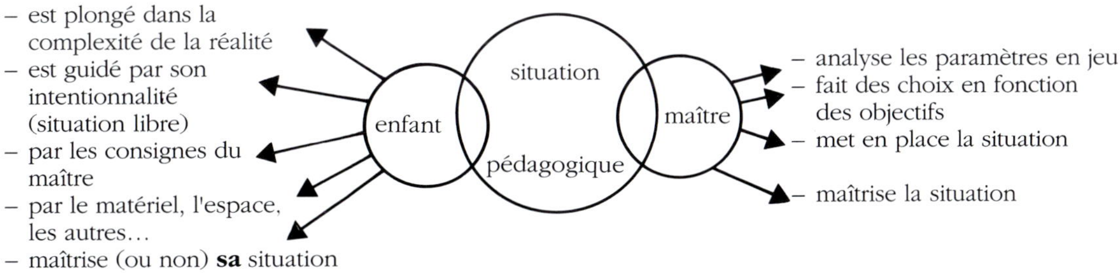

4. L'INTERVENTION DU MAÎTRE

a . Situations libres

Il revient au maître d'aménager l'atelier d'activité graphique et les ateliers proches qui peuvent y être associés. Ce sont des coins permanents où tout est à la portée des enfants, avec un souci d'aménager :

l'espace et le matériel } de façon **et** { – fonctionnelle – incitatrice.

C'est-à-dire : sans rangements à faire, le matériel est en vue, bien rangé (de façon pratique), les instruments sont variés.

On peut adjoindre au coin graphisme des documents qui forment l'œil : photos, images, affiches, reproductions de peinture, objets de la nature à toucher, regarder, avec des formes à « dessiner » (ronds, lignes, points, taches...). L'enfant joue ou s'exerce librement dans ce(s) coin(s).

b . Situations dites « libres »

Le maître fournit un cadre large, par exemple, il donne un objet à observer : (coquillages, pierres, plantes) porteur de motifs ou de formes graphiques diverses qui donnent un schéma. Ce schéma intentionnel donné, l'exécution, l'interprétation en revient à l'enfant qui déchiffre cette réalité et vient à la représenter.

c . Situations guidées

Le maître donne des consignes précises qui restreignent la part de choix des enfants et accroissent les contraintes. Les faire précéder par des situations libres, ou bien en faire vivre parallèlement aux enfants. Ce type de situation ne doit pas être systématique parce qu'il restreint les capacités d'invention et d'adaptation des enfants, mais il peut aussi constituer un canal par lequel ils passent et qu'ils dépassent.

d . Situations intermédiaires

– *Situation de jeu avec les* ***variables.***

Ces variables sont des paramètres qui font partie d'une situation pédagogique de graphisme. Lorsque, après quelques semaines (ou quelques mois, selon le niveau de la classe), les enfants produisent des éléments graphiques simples, tels que points, ronds, lignes, croix, etc., il est possible d'exploiter ces productions dans des situations guidées à consignes.

Ce genre d'exercice ne doit pas se substituer à des situations libres, mais être mis en place comme un complément de celles-ci et doivent être de courte durée. Il faut essayer de les introduire de la façon la plus naturelle possible. Par une liaison entre des situations vécues en éducation physique (utilisation de cerceaux, anneaux, balles...) et l'activité graphique par exemple. Mais d'autres points de départ sont possibles. On peut compliquer ces jeux par des combinaisons de variables (vocabulaire graphique) ronds et points ; ronds, lignes et points ; etc.

– *Situations* ***d'exploitation*** *des trouvailles spontanées des enfants.*

C'est une situation où le maître observateur, à l'affût de tout ce qui peut surgir, récupère une trouvaille fortuite (issue parfois de l'utilisation de certains outils), qui pourrait ne pas être reproduite spontanément par l'enfant. Il la fixe alors par ses remarques à l'auteur de la trouvaille et devant les autres. Il la met en valeur, en fait un geste conscient qui pourra devenir intentionnel, répété, pourra se perfectionner, devenir un procédé réutilisable à volonté. Il arrive que les autres enfants imitent alors cette découverte et la reproduisent à leur tour.

5. L'ATELIER DE GRAPHISME

Dans un paragraphe précédent, nous avons évoqué l'aménagement des ateliers. L'atelier de graphisme est un coin important qui devrait fonctionner tout au long de la journée avec quelques enfants. C'est de là que partent leurs découvertes spontanées. Ces découvertes étant favorisées évidemment par le matériel mis à leur disposition et qui devra être renouvelé pour permettre de nouvelles découvertes.

Il peut aussi, à certains moments, être un lieu de travail où les enfants s'attellent à une tâche déterminée, par petits groupes, dans le cadre d'un projet simple mis en place en commun.

Ou bien, il peut aussi être un lieu d'aboutissement, après un cycle de travail, où ils testent librement leurs capacités, s'imitent mutuellement, répètent eux-mêmes des jeux graphiques déjà exécutés (mais souvent en introduisant des transformations). On assiste alors à une sorte d'entraînement pour le plaisir, auquel se livrent les enfants.

Il faut penser à adjoindre une piste graphique à ce coin, dès qu'on le peut : grande surface, plan vertical, pour un travail individuel ou à plusieurs.

6. LES « VARIABLES »

Ce terme est également emprunté au texte de février 1980 et désigne les paramètres spécifiques d'une situation de graphisme, qui permettront au maître de multiplier les situations proposées aux enfants. La variabilité est introduite, entraînant chaque fois une adaptation nouvelle, un effort nouveau de la part des enfants... tout en étant utilisée dans des situations qui vont du libre au guidé.

Voici les principales variables que nous avons pu isoler.

a . Les éléments de jeux graphiques et leurs combinaisons

Des formes graphiques, ou un vocabulaire graphique : « des petits dessins ou des petits signes », disent les enfants : lignes, points, etc.

b . La quantité

c . Les supports

Ils sont nombreux : papier, carton, toile-émeri, etc. Le grain du support est aussi une variable.

d . Les instruments

Il y en a qui sont peu utilisés. Certains sont parfois un peu plus chers que d'autres, mais leur variété permet de développer l'habileté du geste.

e . Les matières

Elles sont à varier pour la même raison que les instruments.

f. La couleur et les valeurs

On travaille trop souvent avec des couleurs pures, les mélanges peuvent donner des résultats intéressants.

g. L'espace occupé, les formats, le plan

Ce sont des variables que l'on n'a pas assez utilisées.

h. Les jeux graphiques

On peut les faire découvrir progressivement par les enfants.

VARIABLES	
LES ÉLÉMENTS GRAPHIQUES ET LEURS COMBINAISONS	**1. la ligne** ■ courbe ■ droite / ■ épaisse ■ fine } ■ horizontale ■ verticale ■ oblique / ■ croisée ■ brisée / ■ continue ■ interrompue
	2. le trait ■ court / ■ épais ■ fin / ■ horizontal ■ vertical / ■ croisé ■ oblique / ■ alterné
	3. le point ■ gros ■ petit / ■ serré ■ écarté } voir la variable « quantité »
	4. le rond ■ grand ■ moyen ■ petit } ■ épais ■ fin } ■ serrés ■ écartés / ■ combinaison de ronds de dimensions différentes, en « ondes » successives, etc.
	5. les combinaisons de ces formes simples donnent des figures très variées.
LA QUANTITÉ	■ **peu** ■ **beaucoup** } Jouer avec la quantité donne une occupation de la surface différente. On aboutit à : serré, écarté, superposé, etc.
LES SUPPORTS	**1. papiers** ■ papier de ramette 21 x 29,3 cm (Papiers d'épaisseurs différentes.)

LES SUPPORTS		■ papier kraft blanc, beige ou noir } 2 côtés : lisse, granuleux ■ papiers peints. ■ papier brillant épais : à utiliser avec feutres, encre de Chine…
	2. cartons	■ ondulé : toutes possibilités de travail (avec craies grasses entre autres). ■ côté plat : chercher les instruments qui « rendent » de l'effet. ■ cartons à grains plus ou moins fins.
	3. toile-émeri et papier de verre	■ différents degrés de granulosité : utiliser plutôt des craies sèches. ■ tons : - gris anthracite ou noir pour la toile-émeri. - beige pour le papier de verre. Jouer avec ces tons pour trouver les couleurs assorties (beige, marron…) ou en contraste (blanc).
	4. Rhodoïd et verre	■ profiter de la transparence. ■ il existe des feutres spéciaux (feutres facilement effaçables, très gros marqueurs).
	5. bois tissu	■ ce sont des surfaces qui « boivent ». ■ sur le bois cela peut donner des tracés diffus. ■ tissu : employer feutres et produits spéciaux.
	6. aluminium terre plâtre	■ on se heurte à la résistance du support : la pression forte sur l'instrument doit être réglée par chaque enfant. ■ les graphismes sont gravés et pas seulement tracés.
	7. carte à gratter	■ carton recouvert d'encre de Chine noire. Une fois gratté, une trace blanche apparaît. Les instruments qui permettent de gratter la surface noire peuvent être dangereux : la plume Vaccinostyl coupe et tranche !
LES INSTRUMENTS	**1. feutres**	■ pointe douce et plus ou moins ronde - offrant peu de résistance - pointes de diamètre différent (jouer avec très gros, très fin, etc.) - grande gamme de couleurs (ne pas oublier le noir et le blanc). ■ gros feutres biseautés : à utiliser plus souvent : laissent des tracés inattendus. ■ Prismalo : effets d'aquarelle (à utiliser en association avec d'autres instruments ne donnant pas d'effets de « fondu »). ■ feutres or et argent : effets spéciaux agréables à l'œil ! Chez Dimascol (plus chers que les autres feutres).

Les instruments		
	2. craies :	une grande gamme… ■ des craies sèches (type Asco) à utiliser avec la pointe, mais aussi en « à plat ». ■ aux craies grasses plus ou moins larges.
	3. crayons	■ crayons de couleur : pointe sèche et fine, utilisation difficile, effets peu visibles, forte pression nécessaire, peu accessible aux enfants de maternelle. ■ crayons de couleur gras (marque Cumberland), plus chers, mais résultats beaucoup plus agréables. ■ crayons noirs à mine de plomb : rechercher les mines grasses (à partir de 2B et au-delà). ■ crayons noirs gras (voir marque Dimascol : « Berol alphex Soft »).
	4. Pastels secs en crayon	■ s'effacent facilement : à fixer (bombe à cheveux peut servir de fixatif bon marché).
	5. fusains et sanguines en crayon	■ fusains noirs, sépia, terre d'ombre } à fixer (Playjeux)
	6. stylos à bille	■ chercher des stylos à bille large et bien ronde, de type Bic-Clic. ■ les stylos à bille associés à des feutres moyens et gros, ou aux pastels, aux fusains, aux craies grasses peuvent donner des effets réussis par la précision et la netteté de leurs traces, contrastées avec les autres instruments.
	7. roseaux chinois	■ pointe très sèche, laissant des traces brèves, à utiliser surtout avec des encres.
	8. petits stylos à encre chinois	■ plume assez ronde : abordable par les grandes sections. ■ petits réservoirs en caoutchouc : on peut utiliser des encres de couleurs variées.
	9. pinceaux à pointe chinois	■ intéressants pour le travail en graphisme avec des encres : laisser les enfants s'y entraîner d'abord sans attendre un résultat précis immédiat.
	10. pinceaux ordinaires petites brosses plates	■ chercher toutes les utilisations et les tracés qu'ils peuvent laisser. Les associer à d'autres.

LES INSTRUMENTS	**11. Coton-tige**	■ idéal pour les points ! Mais aussi pour laisser une trace un peu épaisse et régulière. Un défaut : le coton s'abîme, il faut en changer.
	... et tous instruments permettant de :	■ gratter : - diapos (côté gélatine : côté mat). - radios (parties noires à découper, gratter le côté mat). ■ graver : - terre. - plâtre ou Siporex : la poussière est peu recommandée, aérer. - aluminium épais.
LES MATIÈRES	**1. encres**	■ encre de Chine : noire, blanche, de couleur. ■ encres diverses : Colorex, Iris, Aqualine, etc. Effets de transparence : peuvent être associées à des matières rendant des effets mats.
	2. brou de noix	■ belle couleur mais tache beaucoup les vêtements.
	3. décolorants	■ stylos décolorants sur fond d'encres foncées : effets intéressants.
	4. peinture en tube	■ une marque vend des tubes avec applicateurs, ce qui rend le geste plus aisé. Le tube est muni d'une bille qui laisse une trace assez fine. Peinture inaltérable. Tubes avec peinture en relief. Marque Themco (Courbevoie).
LA COULEUR	**la couleur** ↓	pure, des tons vifs sont souvent employés en maternelle. Il faut apprendre aux enfants à utiliser des tons dégradés, du foncé au clair ; à mélanger (encres) ou superposer (feutres, craies), etc. On peut aussi créer des contrastes : couleurs primaires ou complémentaires, noir et blanc, noir et couleur, beige et blanc, ocre et blanc, etc.
LES VALEURS	↑ **les valeurs**	la luminosité extérieure plus ou moins forte peut permettre de donner une idée de cette notion. Travailler aussi avec : noir - blanc et leurs mélanges, ce qui donne des gammes de gris très variés.

L'ESPACE OCCUPÉ

Les supports ont une surface, mais il faut prendre conscience des espaces de cette surface. On peut travailler :

- autour de 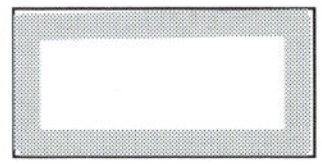
- au milieu 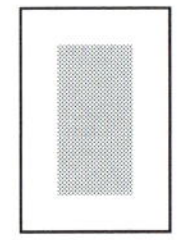
- d'un côté… ou de l'autre 
- dans les coins 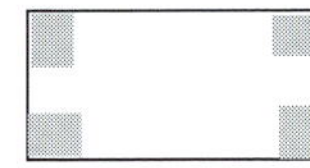
- sur la moitié (en long ou en large) 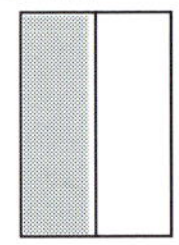, etc.

le plan

- *plan vertical*
- *plan horizontal*

} selon que l'on travaille sur l'un de ces deux plans, le geste est différent. Il y a adaptation.

On peut travailler la feuille de papier sur table en long ou en large (« debout » ou « couché » disent les enfants).

les formats

- *travail sur piste graphique,* tableaux noirs ou Vénilia de *grande surface,* ce qui permet aussi le travail collectif, les fresques.
- *travail sur tous formats :* petit format (carte postale, étiquettes autocollantes) et *toutes formes* (longues bandes, ronds, triangles, etc.)

LES JEUX GRAPHIQUES

Ils consistent en de nombreuses combinaisons des variables, mais plus particulièrement des combinaisons de vocabulaire graphique.
Ils peuvent être basés :
sur la quantité, allant jusqu'à :

- *l'accumulation :* beaucoup, très serré, etc.,
- *la superposition :* qui peut être la conséquence d'une forte accumulation !

Mais superposer ne paraît pas toujours « naturel » aux enfants.
Ou bien sur l'alternance :

- *la juxtaposition :* rond, trait ou points, lignes courbes, etc.
- *la répétition :* avec ou sans alternance.

Ce répertoire des variables entrant en jeu dans des situations d'activité graphique n'est pas exhaustif.

7. LES POINTS DE DÉPART

Ces points de départ sont nombreux et fournissent des prétextes agréables, souvent renouvelés, qui vont donner lieu à des situations de graphisme ultérieures.

a. Les sujets d'activité

Ce sont ceux exploités classiquement en maternelle. Entre autres, c'est la nourriture qui va fournir des schémas à l'œil de l'enfant. On peut regarder une banane avec ses petits points noirs serrés, une orange coupée en deux, qui rayonne en étoile...

b. La motricité

Selon le matériel utilisé, on pourra traduire les effets visuels des actions motrices : un lancer collectif de balles et de ballons remplit l'espace et peut donner lieu à des essais de représentations.

c. Les dessins libres des enfants

Ils contiennent beaucoup d'éléments graphiques qu'il faut regarder avec eux et relever. On peut aboutir à l'élaboration de panneaux élargissant le répertoire de chacun. On peut demander d'inventer d'autres éléments qui vont élargir leur vocabulaire graphique et, ensuite, pratiquer des jeux sur consigne, à partir de leurs trouvailles.

d. Les objets

Objets fabriqués ou objets de la nature, ils peuvent constituer une réserve dans laquelle on va puiser pour chercher des idées :
- petits objets ou petits jouets de forme géométrique : jetons ronds, carrés, rectangulaires, etc. ;
- matériel de quincaillerie : boulons, rondelles, etc.

Tout ceci peut être disposé sur la table selon des configurations diverses et peut être exploité pour des jeux graphiques :
- accumulation ;
- alternance et juxtaposition ;
- répétition, etc.

e. Les éléments culturels

L'introduction des reproductions de peinture contemporaine non figurative (plasticiens européens ou non, art populaire, art naïf, etc.) est tout à fait possible, à condition que les enfants soient déjà exercés à pratiquer des jeux graphiques et habitués à repérer des formes autour d'eux.

De nouveau, on peut constituer avec eux un panneau-répertoire des éléments graphiques repérés dans les œuvres des artistes. Voici quelques exemples :
- l'art optique avec ses répétitions, ses alternances : Vasarely ;
- le tachisme : Pollock ;
- l'art naïf ou populaire dont certaines œuvres sont faites des mêmes éléments très souvent répétés : ronds, points, petits traits, etc., comme chez certains peintres slaves ou les aborigènes d'Australie.

f. La publicité

Images et affiches sont exploitables car souvent d'une qualité esthétique incontestable. On peut effectuer des recherches dans des magazines courants. L'observation avec les enfants doit permettre d'**isoler** l'élément graphique intéressant. Ils pourront comparer ensuite avec les répertoires déjà constitués et les œuvres des plasticiens contemporains.

8. VISITE AU MUSÉE

Cette visite doit être préparée avec les enfants, soit en fonction d'un thème, soit en fonction des variables ou des jeux graphiques sur lesquels on a déjà travaillé en classe.

Elle remplace avantageusement la séance où l'on présente des œuvres, mais peut aussi la compléter. Elle peut se dérouler sous la forme d'un parcours de découvertes variées. Elle peut aussi constituer la fin d'un cycle de travail.

Un exemple : si on a la chance de voir exposé un tableau de Klimt, on peut essayer de repérer les remplissages décoratifs de ses tableaux, faits souvent de ronds, courbes, volutes dans des tons noirs ou dorés. Même démarche à suivre dans un musée ethnographique où les objets exposés, tissu, vaisselle, bois gravé, contiennent de nombreux éléments décoratifs.

La visite terminée, on revient à l'école en ayant collecté un vocabulaire décoratif graphiquement utilisable.

9. AFFICHAGE ET MISE EN VALEUR

L'activité graphique est un travail d'entraînement de la main et du geste, qui ne peut exister isolément, faute de s'appauvrir et de devenir un académisme pédagogique.

Elle est aussi, constamment, un exercice du regard, un exercice de **prise de vue** de l'espace, de la forme et du fond et de leurs relations.

L'affichage bien conçu, la mise en valeur du travail des enfants ou des éléments culturels que l'on aura introduit jouent un rôle important dans cette saisie perceptive qu'effectue le regard.

Ce qu'on affiche :

a . Les productions des enfants

L'affichage permet la comparaison, et l'imitation, qui n'est pas copie, mais source d'inspiration, dépassée, un jour, par l'imitateur. Cet affichage devrait être effectué avec un souci d'esthétique qui permette aux enfants eux-mêmes de percevoir leurs performances et leurs progrès.

b . Images, reproductions

Photos, affiches, belles cartes postales, reproduction de formats divers sont des objets culturels dont l'affichage obéit aux mêmes objectifs.

On peut installer dans l'atelier de graphisme ces objets culturels, collés dans des albums de photos autocollants ou glissés dans des chemises transparentes rangées dans un classeur, lorsque leur format s'y prête.

Œuvres des enfants et œuvres des artistes sont à laisser à la libre disposition du regard et du toucher des élèves.

10. CONCLUSION

La grande diversité des variables utilisées, des approches, incitations ou prolongements, des situations guidées ou libres, individuelles ou à plusieurs, donne aux enfants :
– une plus grande capacité à regarder autour d'eux, à observer, comparer, discriminer ;
– une bonne habileté graphique.

Ils prennent goût à ces activités et s'y exercent d'eux-mêmes dans des moments libres et parfois, après la classe, lors des garderies.

À la fin de l'année, ils sont quasiment prêts à aborder l'écriture par réinvestissement de leurs compétences, dans des situations plus scolaires.

Le dessin lui-même, sous sa forme représentative, bénéficie largement de tous ces jeux graphiques. D'ailleurs le passage de l'un à l'autre est fréquent dans les périodes d'activités libres.

Enfin cette activité suscite généralement la détente et le plaisir chez le maître comme chez l'enfant. L'un et l'autre se trouvent gratifiés par les résultats acquis.

III. La pratique graphique

A. Les éléments graphiques

1. Jeux de vocabulaire graphique

VOCABULAIRE GRAPHIQUE ET MOTRICITÉ

Les ronds : balles et ballons

Objectifs :

- **chercher et inventer des petits signes qui vont être utilisés dans tous les jeux graphiques**
- **chercher des éléments simples, essayer ensuite de les combiner**

Préalable

Les enfants sont mis en situation motrice pendant 15 minutes.

a . Dans la salle de jeux

Diviser le groupe-classe en deux : un groupe agit, l'autre regarde et dessine.

- *Matériel :* balles et petits ballons
- *Consigne*
  Groupe 1 : envoyer les balles et les ballons en l'air, tous à la fois.
  Groupe 2 : regarder, puis dessiner balles et ballons.
  Puis les groupes permutent.

b . Dans la classe

De retour en classe, on regarde les dessins des deux groupes : discussions et commentaires. On remarque que les ronds tracés sur les feuilles sont de deux tailles : petits et plus grands.

Activité graphique

On travaille en deux groupes, mais sur des feuilles individuelles.

Puis les productions des deux groupes sont mises en commun : observation des différences. Ces productions sont conservées.

	GROUPE 1	GROUPE 2
format	1 feuille de format 21 x 29,7 cm	1/2 feuille de même format
instruments	– gros feutres – feutres moyens – crayons de couleur gras	– feutres moyens – feutres fins – feutres à pointe dure (« micro »)
couleurs	plusieurs couleurs, au choix des enfants	3 couleurs dont le clair et le foncé dans le même ton
consigne	« trace des ronds petits et grands, partout dans la feuille. »	même consigne

Prolongements possibles

Une autre situation en motricité est réalisable avec des ballons et des balles de ping-pong.

- *Consigne*

Regarder les productions et reprendre les graphismes du jour précédent : grands ronds - petits ronds et ajouter les petites balles de ping-pong (plus petites que les ronds déjà tracés). On peut prendre un ton foncé pour contraster avec ce qui a déjà été dessiné.

On a déjà **une gamme de 2 variables** :
  - forme (ronds) ;
  - taille (petits - moyens - plus grands).

Refaire un exercice avec les ronds (1/2 feuille 21 x 29,7 cm) *et introduire les points* **de plus en plus petits.**

- *Instruments*

– Gros feutres tenus bien droits, sans écraser la pointe : maîtriser le geste qui consiste à lever et baisser le bras.

– Coton-tige et encres.

Mettre ces feuilles et ces instruments dans le coin graphisme et laisser faire les enfants.

Ils vont reproduire ces jeux graphiques, mais sans les consignes données, ce qui va aboutir à une autre occupation de l'espace-feuille, à des concentrations de points et de ronds à certains endroits de la feuille, puis à des **combinaisons** : grands et petits ronds, points, etc.

Tout ceci sera à montrer à tous et sera affiché sur le premier panneau de vocabulaire graphique.

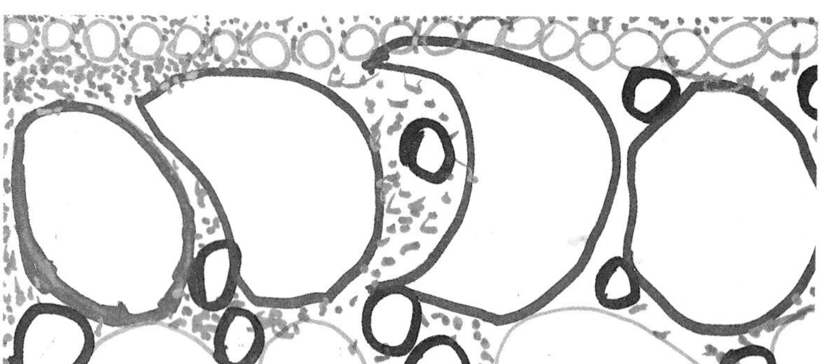

Consigne : "Tracer des ronds petits et grands, partout dans la feuille".

Dans ce travail fait en début d'année, les enfants essaient de faire en sorte que leurs traits n'empiètent pas les uns sur les autres d'où des "ballons" en forme de croissant de lune.

1. Jeux de vocabulaire graphique

RECHERCHE DE PETITS SIGNES

Quelques conseils

Objectifs :
- **chercher des éléments de vocabulaire graphique**
- **les relever en les reproduisant par le dessin**
- **ou bien les découper et les coller pour en faire un répertoire**

Situation graphique

RECHERCHE D'ÉLÉMENTS DE VOCABULAIRE GRAPHIQUE

Cette recherche peut être justifiée pour faire des petits dessins, ou des petits signes, dans le but de préparer et décorer :
- une carte de Noël ;
- une invitation ;
- un programme ;
- l'étiquette de son nom ;
- une affiche, etc.

Ceci permet aux enfants de s'exercer en graphisme, dans des situations qui ne sont pas gratuites.

Où chercher ?
– Dans les dessins libres de chacun qui contiennent déjà un certain nombre d'éléments.
– Dans des catalogues :
- de papiers peints : écarter les papiers contenant des dessins figuratifs ;
- de papiers cadeaux.

Voici quelques exemples.

Des lignes

ALTERNANCES DE LIGNES DROITES HORIZONTALES

Lignes droites et alternance de tons.

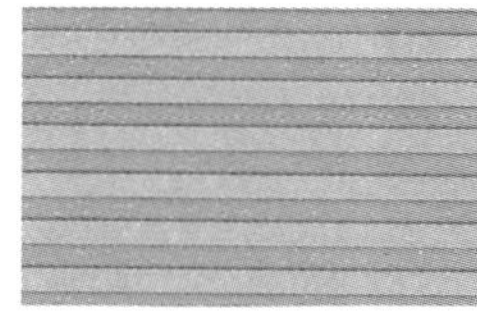

Lignes droites et alternance avec emploi de la variable épaisseur :

- 2 noires épaisses et 1 claire fine ;
- puis espace blanc brillant.

LIGNES DROITES VERTICALES ET MOTIFS CARRÉS ET RECTANGULAIRES

Alternance de 3 droites :

- 2 fines et 1 épaisse au milieu ;
- 1 autre séparée des 3 autres.

Motif géométrique :

- 3 formes l'une dans l'autre et alternance :

« debout et couché »,
ou verticale et horizontale.

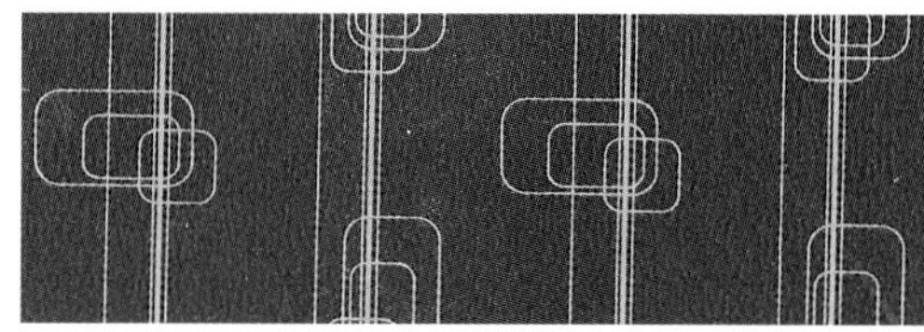

Des formes rondes

Des ronds « qui tournent » :
ronds concentriques, du petit au grand.

Des faux ronds :

- formes arrondies imbriquées

les unes dans les autres ;

- beaucoup, beaucoup : accumulation ;
- quelques petits points.

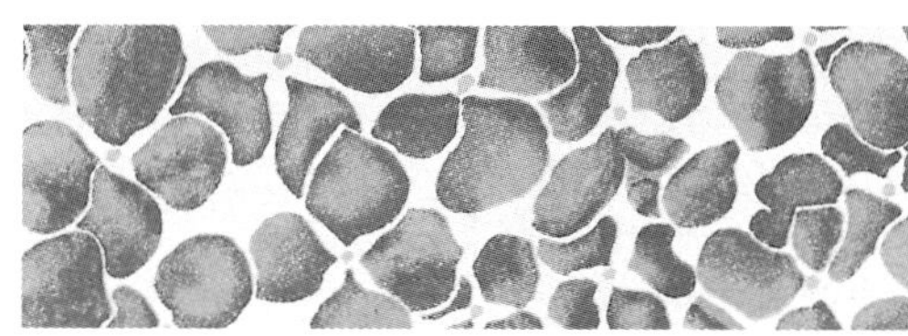

Des courbes

Les plumes qui s'envolent :

- dans 2 sens ;
- 3 teintes.

Des traits

Des petits traits qui tremblent :

- obliques dirigées dans tous les sens ;
- plusieurs couleurs ;
- fond blanc.

Quelques conseils pour l'utilisation de ces catalogues

Si certains papiers présentent des structures graphiques complexes : ne pas chercher à tout prix à les faire analyser, ce serait long et ennuyeux. Laisser seulement les enfants, faire des remarques, mais répéter souvent la situation qui consiste à feuilleter des catalogues avec eux. Ils aiment beaucoup ça.

Leur regard se fera aux multiples combinaisons :
- formes et fond ;
- des éléments graphiques ;
- des tons différents, contrastés ou non.

De nouvelles remarques naîtront, révélant des perceptions visuelles qui s'affinent.

Les mêmes types de situations peuvent être vécues avec des images de la nature sous la forme de photos bien choisies :
- les courbes du sable mouillé sur la plage ;
- les sinuosités d'un chemin ;
- la forme étoilée d'un gros chardon.

Mais l'analyse à faire est un peu plus difficile pour les enfants. Elle demande une certaine transposition de la réalité, à la vision simplifiée des formes pures.

Avec des enfants déjà entraînés par d'autres exercices, cela est possible.

Pour que ces recherches soient efficaces et fructueuses, il est souhaitable de respecter les étapes suivantes.

Première étape

- Apprendre à déchiffrer ce que l'on trouve autour de soi comme élément transposable en graphisme.

Deuxième étape

- Relever les éléments déchiffrés et isolés de leur contexte :
  - soit en les dessinant
  - soit en les découpant
  - soit en les collant

  } on peut commencer à composer un panneau-répertoire

Troisième étape

▪ Demander aux enfants d'inventer leurs propres petits dessins – ou petits signes.

On constate alors que certains produisent abondamment, d'autres moins. Quelques-uns en restent, dans un premier temps, à un vocabulaire très simple. Des enfants découvrent des éléments graphiques, uniquement par l'intermédiaire de l'outil qu'ils utilisent, en fonction des traces qu'il laisse.

Enfin on découvre, dans ces premières productions, qu'il existe déjà un rythme graphique et que ce rythme fait apparaître deux données importantes : la répétition et l'alternance, horizontales ou verticales.

En voici quelques exemples :
- plusieurs enfants cherchent à inventer leur propre vocabulaire graphique en utilisant des feutres noirs ;
- un essai mené à partir de feuilles de papier cadeau.

Tous les exemples suivants présentent les travaux d'enfants de niveaux différents, réalisés en tout début d'année.

Un enfant a produit de multiples petits signes en les classant en colonnes.

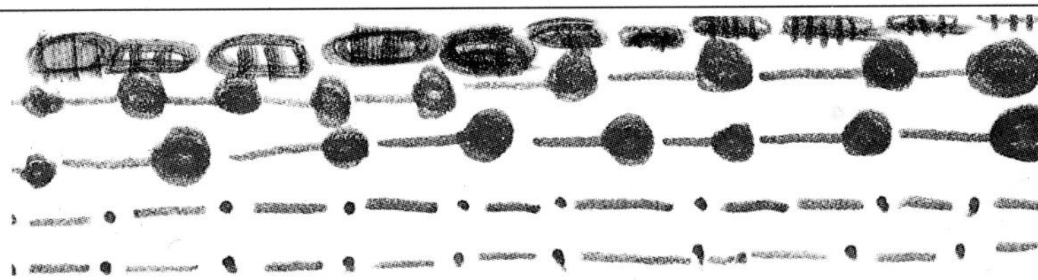

Un autre, dans la même classe, a fait preuve de moins d'inventivité.

Cet enfant s'est inspiré partiellement d'un motif de papier peint composé de traits qui s'opposent en un rythme graphique régulier.
Ici, la consigne était : pas de motifs figuratifs, mais des traits, des points, etc.

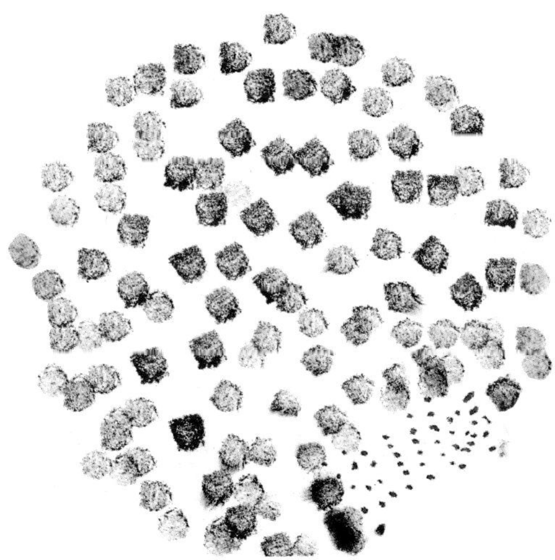

Motif trouvé en écrasant la pointe d'un gros feutre.

1. Jeux de vocabulaire graphique

RECHERCHE ET PRODUCTION DE VOCABULAIRE GRAPHIQUE

Objectifs :
- **repérer et isoler des éléments graphiques figurant sur un dessin**
- **les découper, les coller puis les reproduire**

Cet exemple se situe à la deuxième phase de la recherche qui consiste à relever les éléments graphiques.

Préalable

On a distribué aux enfants des morceaux de papiers d'emballage pour cadeaux. On leur donne une 1/2 feuille de 21 x 29,7cm sur laquelle un quadrillage de huit cases a été tracé.

▪ *Consigne*

– Choisir, parmi les papiers cadeaux qui sont sur la table, ceux dont les dessins plaisent.

– Découper des petits morceaux.

– Les coller sur un côté de la feuille (on désigne les cases de gauche).

Activité graphique

– Tracer les dessins du papier de l'autre côté (cases de droite).

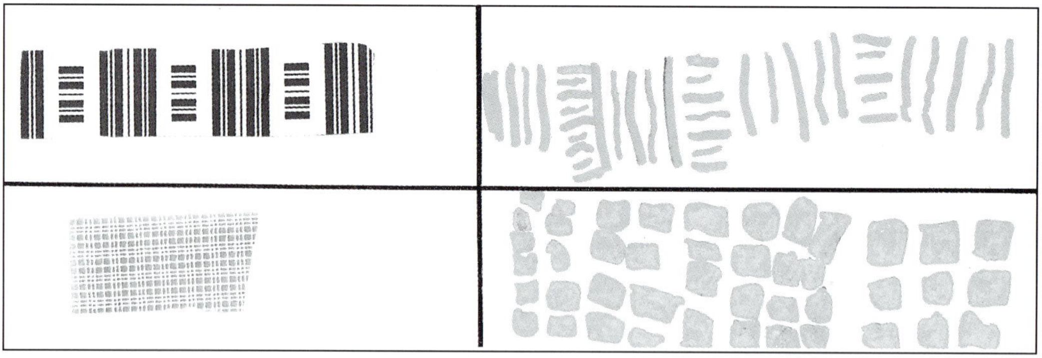

- *Remarque*

Cet exercice est extrêmement intéressant : les enfants essaient de traduire ce qu'ils voient par un graphisme équivalent, mais cette traduction est doublement difficile : il faut pouvoir analyser le motif du papier et il faut posséder l'habileté gestuelle nécessaire pour reproduire le motif.

On note la difficulté pour traduire les spirales dorées sur fond noir chez un enfant, et chez l'autre, celle pour traduire le motif des éventails roses.

Récapitulatifs des éléments graphiques

Le document ci-dessous (travail d'enfant) et celui de la page suivante (établi par le maître) présentent des récapitulatifs du vocabulaire graphique découvert par les enfants au terme des séquences de jeux de recherche de vocabulaire graphique.

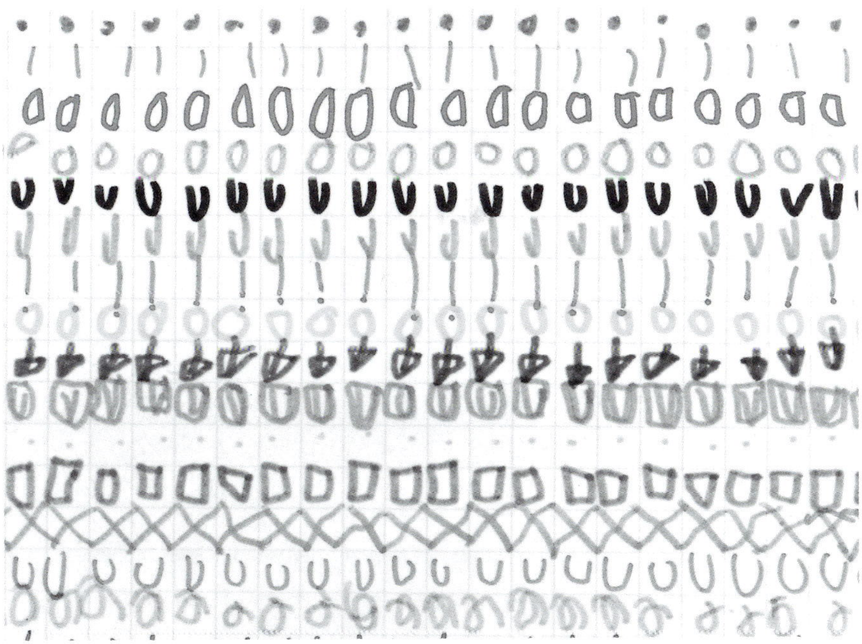

La consigne donnée à l'enfant était "Produire de petits signes". C'est un travail réalisé au dernier trimestre.

L'institutrice a établi un lexique du graphique tiré par les enfants de l'observation de l'environnement.

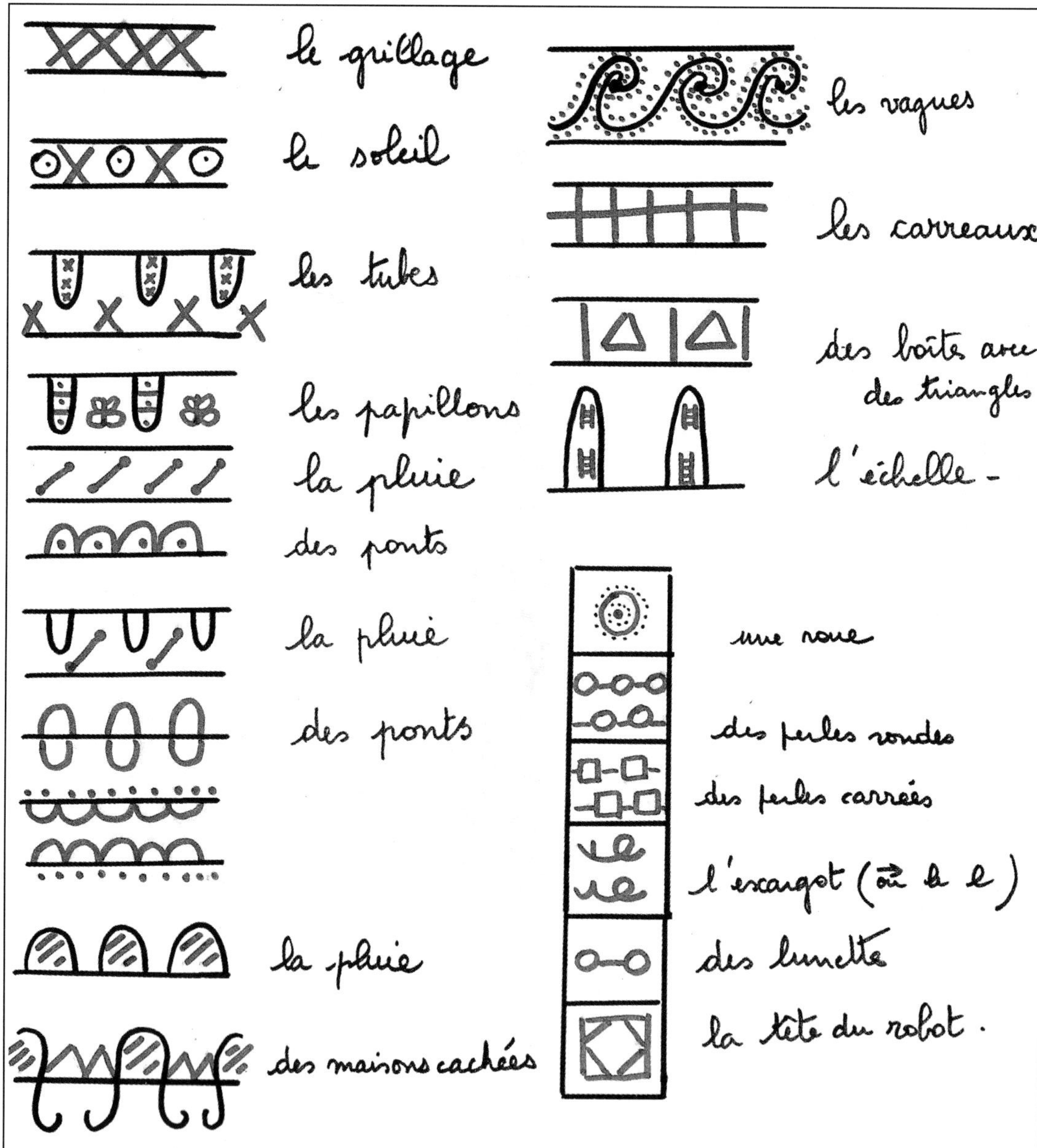

Cette première réalisation est issue d'un travail de recherche de *vocabulaire graphique* (p. 22) préalable basé sur la motricité.

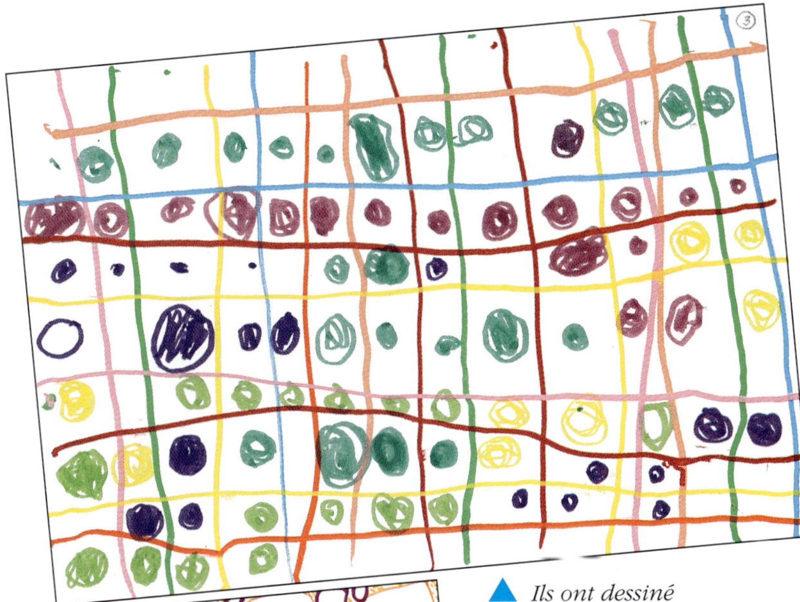

Ils ont dessiné ensuite, ***les balles entre les rubans****.*

Ils ont joué avec, observé et dessiné des ***rubans****, qui ici se croisent.*

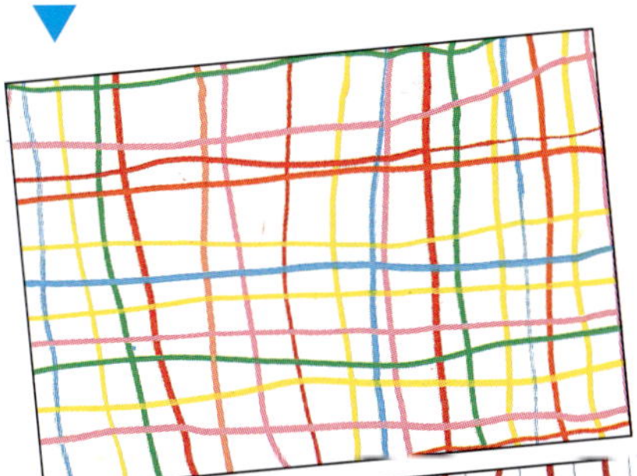

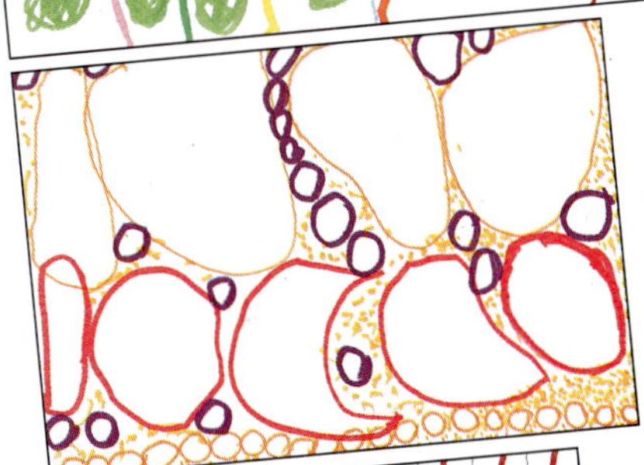

Les enfants ont joué avec, observé et dessiné de grosses et de petites ***balles****.*

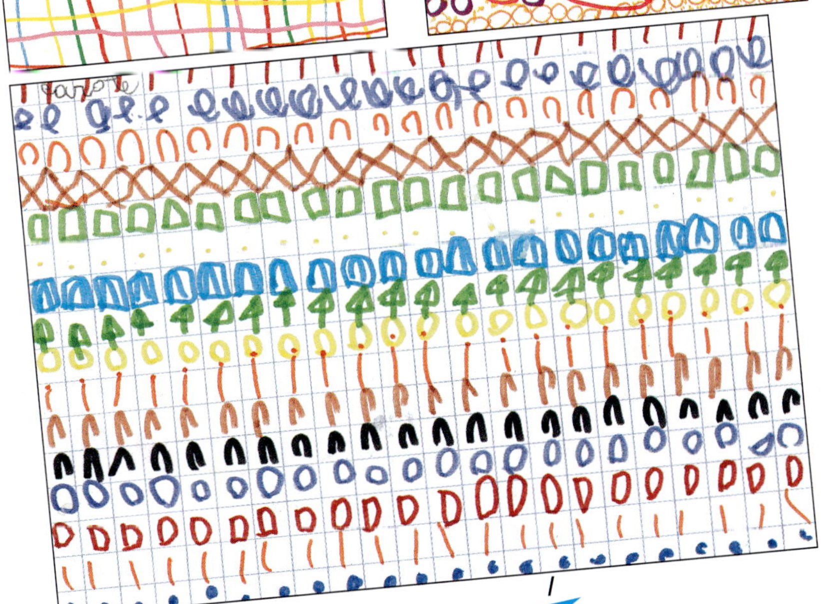

Les enfants, grâce aux jeux, se constituent un ***répertoire de vocabulaire graphique*** *(p. 31).*

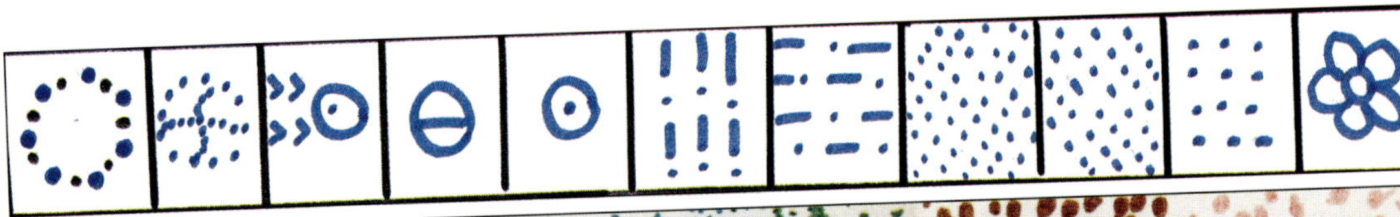

Le maître peut aider à fixer les trouvailles (p. 32).

Deux exemples de réinvestissement *de ce travail dans des réalisations figuratives (le dessin du dessus est une invitation à une fête).*

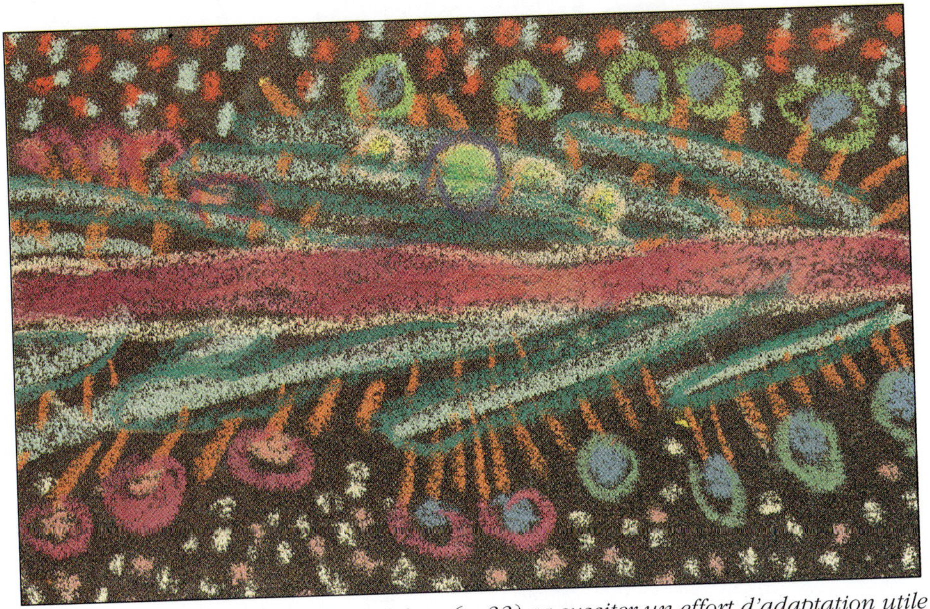

▲ *Le recours à un **nouveau matériau** (p. 33) va susciter un effort d'adaptation utile et engendrer des découvertes. Ici, le travail sur toile-émeri permet d'obtenir un effet de contraste et de flou.*

▲ ***Travailler sur de petits formats** (p. 35) est l'occasion d'apprendre à changer de support, à réduire l'amplitude du geste et de jouer avec les espaces, les directions, les positions. Les notions d'accumulation et de position des étiquettes sont intervenues également dans ce travail.*

Travail d'accumulation
*(p. 44) avec de la peinture.
Les ronds réalisés avec
le côté d'un rouleau
à peindre ont été cernés
avec un coton tige.*

Effet de superposition *(p. 50) :
il a été obtenu avec
de la peinture, traitée avec
différents instruments :
gros pinceaux et peintures très
diluées, gros pinceaux
et peinture presque sèche.*

2. Les supports

TOILE-ÉMERI ET PAPIER DE VERRE

La granulosité

Objectifs :
- **s'exercer sur un support à forte résistivité**
- **prendre conscience du grain de chaque support**

Introduction

La consistance du support, sa résistivité, confrontée à l'instrument, va engendrer des adaptations du geste. Il peut entraîner des difficultés nouvelles chez un enfant d'habitude habile et sûr de lui. Cette situation de déstabilisation suscite un effort d'adaptation utile.

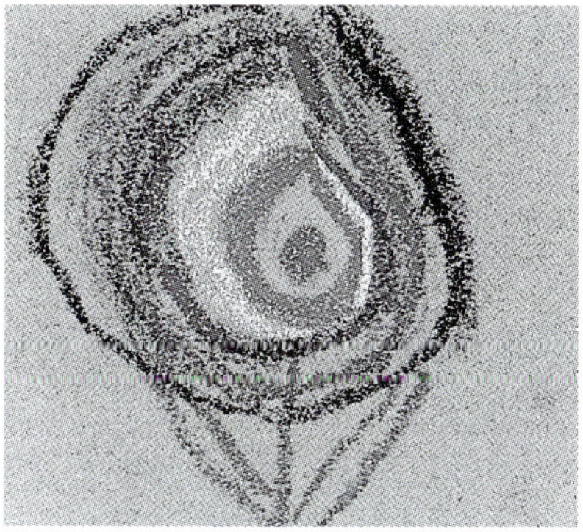

Graphisme sur papier de verre à grain moyen, beige clair. L'enfant a commencé un jeu graphique avec la consigne de partir du milieu. Il a fini par tracer une tige et deux feuilles, cédant à la tentation de la représentation.

Préalable

PREMIÈRE SÉQUENCE	DEUXIÈME SÉQUENCE
On touche, on frotte avec ses doigts, la paume de la main, la joue. On compare une toile-émeri ou un papier de verre à grains différents. On gratte une matière friable, fragile qui est entamée par les ongles ou un outil : plâtre, buvard, etc.	– Manipulations mais passage plus rapide aux constatations verbales. – Comparaison avec des papiers : à toucher avec la pulpe des doigts ou la paume de la main : ▪ Canson ; ▪ kraft, etc.

Activité graphique

Première séquence	Deuxième séquence
a . Le maître donne 2 types de craies ▪ des craies très sèches et dures ; ▪ des craies moyennes. Les enfants font des essais sur des supports de même grain (2 groupes de 4 à 5 enfants). b . – Retour des 2 groupes. – Mise en commun. – Constatations aboutissant au choix du meilleur outil.	a . Choix des outils et du papier par les enfants. Essais libres en 2 petits groupes. b . Mise en commun : ▪ comparaison des essais ; ▪ discussion.

La toile-émeri ou le papier de verre seront ensuite mis dans l'atelier de graphisme pour une utilisation libre.

Prolongements possibles

1. Variables

- *Varier les grains :* selon le numéro de la toile-émeri ou du papier de verre.
- *Varier les instruments.*
- *Varier les fonds :*

- toile-émeri : gris foncé ou noir ;
- papier de verre : différents beiges ;
- papier de ponceuse : de couleur rouge ou jaune.

- *Varier les formats :*

- 21 x 27 cm ;
- bandes rectangulaires, ronds, etc.

2. Découvertes

Sur ces supports, des tracés fins et précis ne sont pas réalisables. On s'aperçoit que l'instrument laisse une trace large sur les fonds à gros grain ou à grain moyen.

Mais :

– les couleurs ressortent bien, en contraste avec le fond ;
– des effets de flou peuvent surgir ;
– on peut tenir la craie comme un crayon ou bien travailler à plat.

3. Les formats

LES PETITS FORMATS

Les bandes

Objectifs : ■ **utiliser des espaces différents**

■ **utiliser des supports, de formes et de dimensions différentes**

Remarque

Les formats semblent curieusement pouvoir transformer l'appétence graphique de l'enfant : ils peuvent rendre un jeu graphique inaccessible, ou, au contraire rassurant. Il est bon de travailler encore et encore sur de grands formats, avec de gros outils : pistes graphiques, tableaux, papier IBM (aux feuilles non séparées, rouleaux de kraft, etc.). Mais on peut aussi employer **momentanément** de petits formats depuis l'étiquette autocollante, carrée, rectangulaire, ronde, petite ou grande, en passant par des bandes de papier découpées.

Préalable

1. TRAVAILLER À RECHERCHER UN VOCABULAIRE GRAPHIQUE

– Chercher dans les dessins libres de la classe (2 groupes), demander les dessins libres des petites et moyennes sections.
– Relever ce qui n'est pas représentatif.
– Dessiner ces petits signes au tableau ou sur des panneaux.

2. MÊME SITUATION (2 GROUPES)

– Chercher des motifs dans des revues.
– Des papiers cadeaux : il existe de beaux catalogues en format réduit.
– Découper et coller les éléments à isoler et que l'on pourra reproduire sur des panneaux collectifs.
– Individuellement : les enfants qui le désirent peuvent se fabriquer une fiche avec les signes qu'ils préfèrent.

Activité graphique

3. Situation de graphisme sur petits formats

Distribuer des petites bandes de cartonnette blanche de 3 x 20 cm.

- *Consigne :* remplir la bande avec des petits signes choisis sur les panneaux.
- *Instruments :* feutres fins, crayons noirs, crayons de couleur gras, stylos à bille...

Ensuite, avec les enfants : regarder, comparer, discuter sur ces premiers essais.

3. Les formats

LES PETITS FORMATS

Les étiquettes

Objectifs : **■ utiliser des supports de formats différents**
■ réduire l'amplitude du geste
■ jouer avec les espaces, les directions, les positions

Introduction

Il existe toutes sortes d'étiquettes autocollantes blanches, de format très varié : exemple : 3,8 x 2,5 cm - 6,5 x 3,5 cm - 7,5 x 5 cm ou 10,5 x 3,5, cm, etc. Collées sur Canson, papier, carton, etc., elles constituent un support sur un support. Elles délimitent de petits espaces pour des jeux graphiques qui se découpent sur un fond qu'on peut laisser libre ou remplir.

Préalable

PREMIÈRE SITUATION : 5 À 6 ENFANTS

- Prendre un support de couleur.
- Donner des étiquettes blanches de 2 ou 3 formats et de formes différents.

▪ *Consigne :* les laisser coller librement sur le support. Commenter les réalisations : positions des étiquettes, espaces laissés entre les étiquettes, etc.

DEUXIÈME SITUATION : TRAVAIL INDIVIDUEL

- Support de couleur, étiquettes variées.

▪ *Consigne :* coller les étiquettes sur la feuille tantôt dans un sens, tantôt dans l'autre horizontalement ou verticalement.

Activité graphique

Première situation

- Prendre un support de couleur.
- Prendre des étiquettes variées (formats et tailles différents).
- Coller librement ces étiquettes.

▪ *Consigne :* dessiner des petits signes sur **toutes** les étiquettes.

▪ *Instruments :* – feutres gros ou fins de couleur ;
– stylos à bille ;
– petits stylos à encre chinois.

1 ou 2 petits groupes de 5 ou 6 enfants mais travail individuel.

Deuxième situation : contraste noir et blanc

- Prendre : une grande feuille de Canson noir, des étiquettes blanches variées : coller des gommettes blanches, œillets de classeur, etc.
- Coller librement sur la feuille.

▪ *Instruments :* – crayons noirs gras ;
– feutres noirs fins ;
– stylos à bille noirs.

▪ *Consigne :* jeux graphiques libres **sur** les étiquettes.

Troisième situation : travail avec la couleur (même teinte mais jouer avec clair et foncé).

Même exercice que pour la deuxième situation mais :
- prendre du Canson de couleur bleu par exemple ;
- mêmes instruments, mais avec des bleus différents.

Ajouter : – encres bleues ;
– instruments ou objets laissant des empreintes : plumes d'oiseau, petits bouchons, Coton-tige.

▪ *Consigne*
- Faire des jeux graphiques et des traces, des empreintes, sur les étiquettes.
- Reprendre si on veut, en graphisme, traces et empreintes.

Les deuxième et troisième situations peuvent être mises en place avec 2 ou 3 groupes de 5 à 6 enfants travaillant ensemble sur le même support. Ensuite prévoir une mise en commun de ces 2 ou 3 groupes.

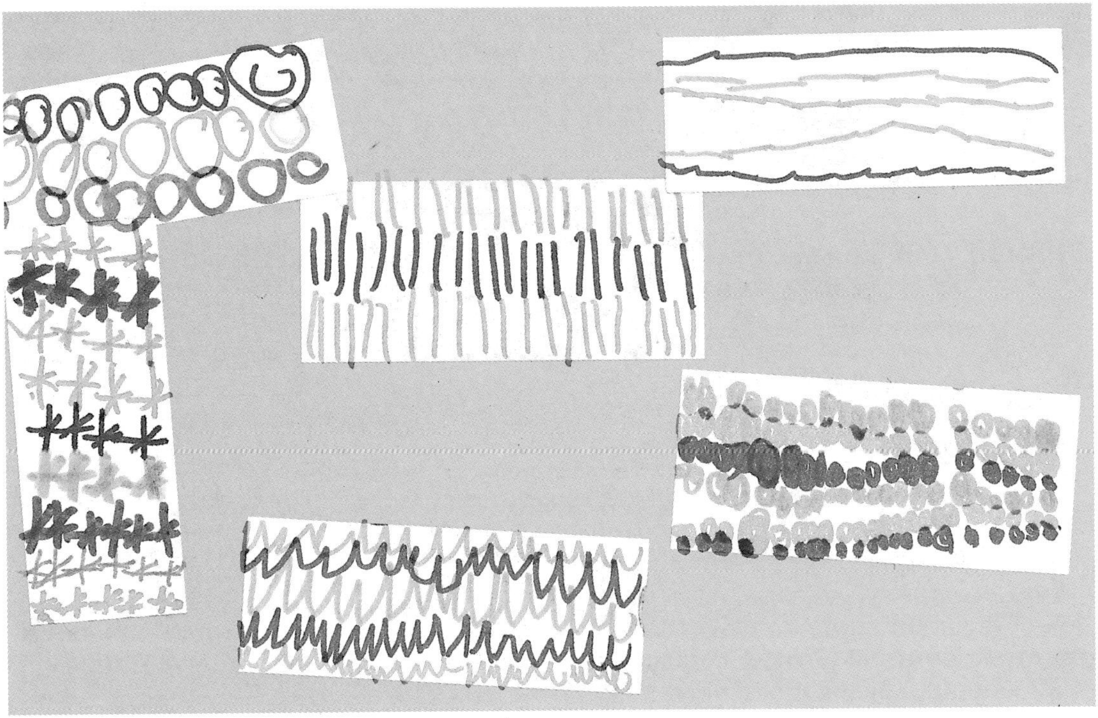

Troisième situation : étiquettes sur fond bleu, instruments dans les mêmes tons.

Prolongements possibles

Étiquettes blanches collées sur fond noir

Utilisation d'outils et de couleurs plus variés :
- feutres fins et très fins - couleur verte ;
- gros feutres dorés et argentés.

▪ Les réalisations ont été exécutées en situation libre. Les étiquettes ont été collées **autour** de la feuille et le travail graphique effectué au **centre.**

▪ Le vocabulaire graphique employé est très varié :
- petits ronds et gros points ;
- petites boucles et vagues ;
- obliques et lignes croisées ;
- et... jusqu'à des **créneaux,** élément graphique généralement difficile à dessiner.

4. Les surfaces

JOUER AVEC L'ESPACE

Objectif : ■ **savoir occuper tout ou certaines parties de l'espace-feuille, avec des graphismes**

Activité graphique

1. Sur une piste graphique, ou un tableau, ou une grande feuille de kraft

- *Instruments :* gros feutres (ou craies à tableau).

- *Consigne*

– Tracer des gros ronds et des petits traits entre les gros ronds, en **changeant de couleur** (3 ou 4 couleurs), en haut de la piste graphique, à **plusieurs** (4 à 5 enfants). Beaucoup et serré.

– Même chose : en bas.

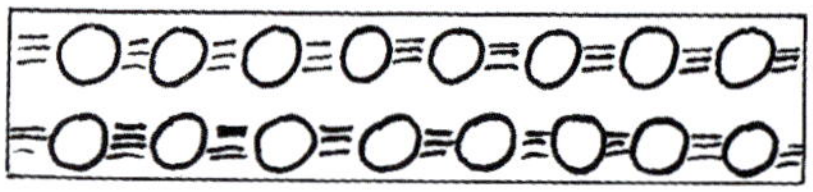

Regarder : un espace blanc est forcément resté **entre** les graphismes du haut et du bas.

Et maintenant, individuellement : même exercice sur des feuilles de format 21 x 29,3 cm dans le sens de la longueur à droite et à gauche.

2. Sur la piste graphique ou une autre grande surface : mêmes instruments, 4 ou 5 enfants.

- *Consigne*

– Tracer des vagues du haut en bas de la piste, d'un côté et puis de l'autre : à gauche et puis à droite. Rajouter des ronds sur les lignes (superposition).

Regarder : un espace blanc reste entre les formes tracées. On peut proposer un deuxième essai avec un vocabulaire graphique au libre choix des enfants.

– Et maintenant individuellement : même exercice dans le sens de la longueur sur des feuilles de format 21 x 29,3 cm, en leur coupant 1/3, soit 21 x 9,7 cm.

On peut varier les instruments :
- crayons de couleur gras, ou noir gras et sanguines ;
- faire aussi cet exercice en noir et gris (feutres ou crayons de couleur).

Prolongements possibles

Ces situations construites en 2 temps : essais collectifs sur grand format – puis travail individuel sur format réduit – peuvent être reproduites en variant les consignes en fonction des espaces pouvant être occupés dans la feuille :
- tout autour (explorer les frontières du support donné) ;
- au milieu ;
- dans un coin (les angles, dans tous les coins, aux 4 angles) ;
- par paquets, dans la feuille, beaucoup et serré, avec des espaces blancs entre les graphismes.

On peut laisser les enfants libres du choix de leur vocabulaire graphique et de leurs instruments et des tons à employer, et discuter des œuvres de chacun.

4. Les surfaces

JOUER AVEC LES SURFACES
Autour de ...

Objectifs : ■ **apprendre à travailler dans l'espace-feuille en délimitant des surfaces plus réduites**

■ **travailler en graphisme, *autour* d'un point**

Activité graphique

POINTS DE DÉPART

1. Les enfants de la classe ont pu se rendre au musée pour regarder une exposition de grands panneaux de peinture d'aborigènes d'Australie (voir p. 65). Ils ont constaté dans beaucoup d'œuvres des teintes dominantes : ocre, marron, etc.

2. La maîtresse a fait chercher, dans des revues, des photos ou des publicités de même teinte.

3. Elle a fait découper et coller sur une feuille de format 22 x 17 cm des **petits** morceaux, **partout.**

JEUX GRAPHIQUES

▪ *Consigne*
– Faire une décoration, c'est le terme employé dans cette classe pour ces jeux de graphisme, **autour de** chacun des petits morceaux.
– Chercher dans les instruments utilisés d'habitude les teintes analogues à celles des œuvres des aborigènes.

▪ *Outils choisis :* feutres fins et sanguines.

▪ *Remarque :* la consigne « autour » s'est traduite souvent par un jeu de graphisme qui consiste à entourer le morceau collé, puis à travailler en étoile.

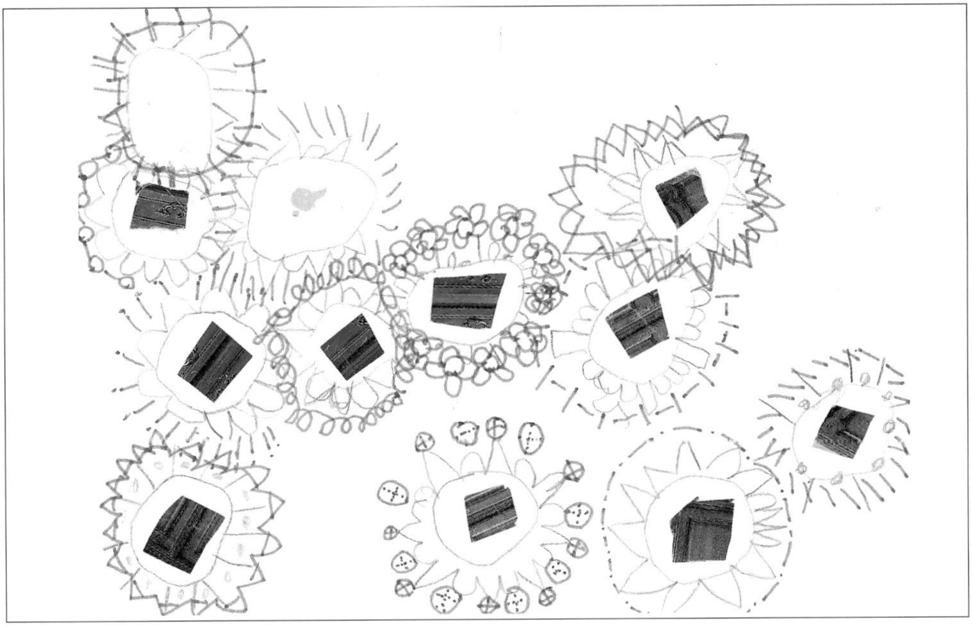

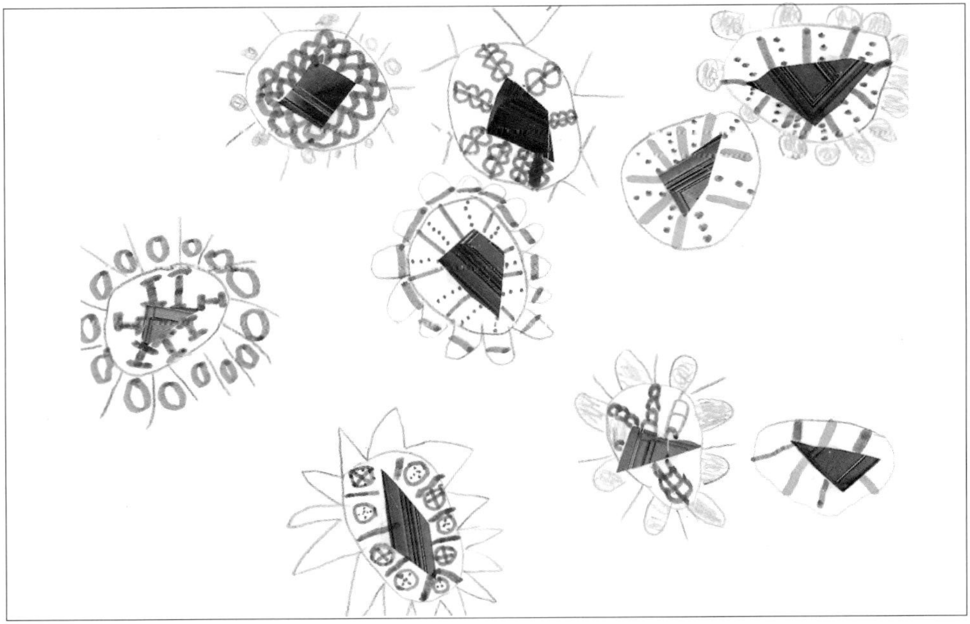

5. La quantité

LES VARIABLES

Peu - beaucoup

Objectif : **jouer avec ces notions de quantité, comme variables maniées consciemment**

Préalable

Prendre des jeux dans la classe, ou des jetons ou des formes géométriques.

– En mettre **un peu** sur la table (tables individuelles) : au milieu ou autour, rien d'un côté et tout de l'autre, en haut... en bas, ou partout...

- Regarder ce que chacun a fait.
- Comparer.

– En mettre **beaucoup** en procédant de la même façon.

Activité graphique

PREMIÈRE SITUATION

▪ *Support :* piste graphique, ou tableau, ou grandes feuilles posées à terre ou fixées au mur.

▪ *Instruments :* gros feutres, craies de tableau, grosses craies sèches ou un peu grasses, sur papier.

▪ *Consigne :*
– Utiliser un vocabulaire graphique simple correspondant aux objets utilisés dans la situation préalable : ronds, traits, croix, etc.
Tracer **un peu** de ces petits dessins.
– Puis tracer **beaucoup** de ces petits dessins.
Travail par tout petits groupes de 2 à 3 enfants.

- *Remarque*

– La difficulté, pour les enfants, va consister à travailler en tenant compte de ce que fait l'autre, pour conserver la consigne (surtout pour la consigne ; un peu). Si c'est trop difficile, en rester à une phase individuelle sur grand format.

– Ces situations ne doivent pas durer trop longtemps et être menées de façon alerte.

Deuxième situation - variantes

Un groupe : papier à fond blanc, format 21 x 29,3 cm, une feuille pour chacun.

Un groupe : papier à fond de couleur, même format, une feuille pour chacun.

- *Instruments :*

gros feutres ou/et craies grasses	▪ deux couleurs seulement deux tons : clair et foncé	pour le fond blanc
	▪ noir ou d'autres couleurs opposées au fond	pour le fond de couleur

- *Consigne :* tracer des petits signes **un peu** mais **partout**.

- *Remarque*

– On peut jouer avec des effets de clair ou foncé – des valeurs – en prenant du kraft beige, comme papier.

On prendra du brou de noix – prendre des précautions parce que cela tache – ou bien un crayon de couleur, gras, beige foncé ou marron, ou bien, encore, une sanguine.

– Travailler individuellement ou en groupe, mais à effectif réduit : 3 à 4 enfants.

Troisième situation - autres variantes

- *Support :* même type que pour la deuxième situation, mais réduire le format en donnant la moitié de la feuille.

- *Instruments :* outils plus fins.

- *Consigne :* tracer des petits signes **beaucoup, au milieu** seulement.

- *Remarque*

– On peut continuer à jouer ainsi en se référant à la situation préalable et en utilisant des consignes qui privilégient une partie de l'espace-feuille. C'est-à-dire : autour de, en haut, etc.

Étaler ces situations sur plusieurs jours.

– Un exemple exécuté avec de la peinture, un rouleau et trois couleurs.

- L'enfant a utilisé spontanément le côté du rouleau, ce qui a donné des traces bien rondes. Ces traces, répétées souvent, sans reprendre de la gouache, ont donné des effets estompés, très agréables.
- Il a pris ensuite un Coton-tige trempé dans la gouache noire pour tracer des petits chemins – des lignes courbes – **entre** les ronds.
- Les mélanges fortuits de couleur sont esthétiques.
- On aperçoit une amorce de **superposition.**

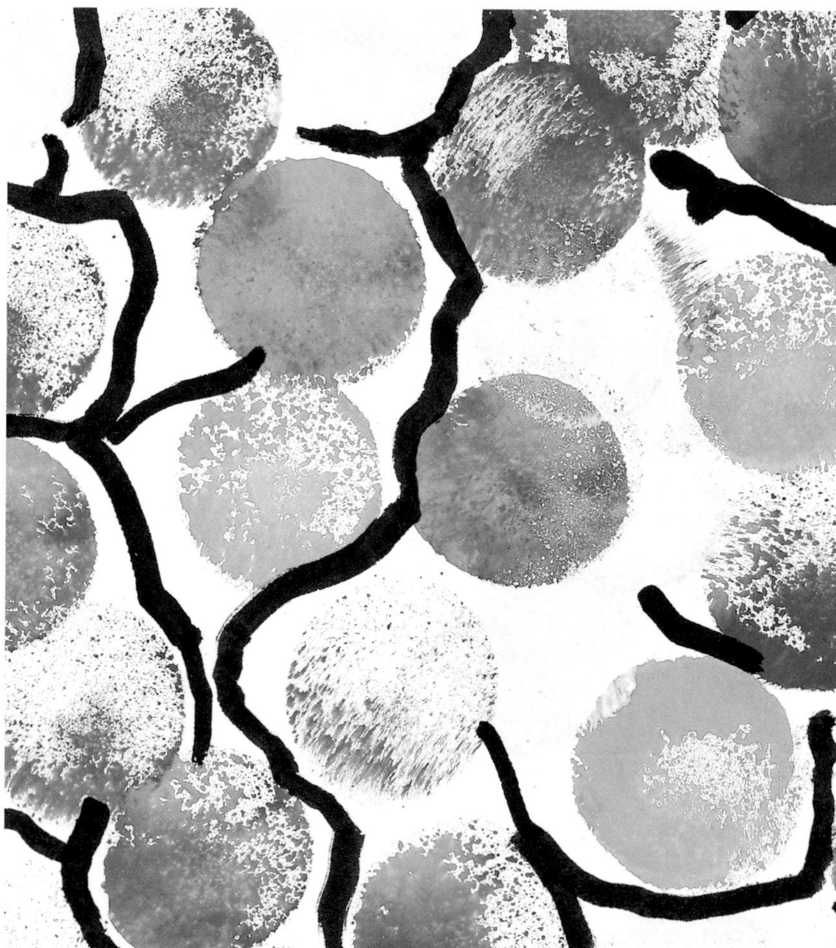

6. Les jeux de graphisme

ACCUMULATION

Objectif : **jouer dans les situations graphiques avec la notion de quantité (beaucoup), dans un espace donné, comme variable maniée consciemment**

Préalable

PREMIÈRE SITUATION

– Commencer par des jeux d'empreintes (essais successifs).

- *Matériel :* ou/et
  - bouchons
  - brosses plates
  - pochons
  - Coton-tige
  - petits morceaux d'éponge, etc.
- *Matières :* gouaches ou encres.
- *Couleurs :* on peut choisir des complémentaires :
  - vert et jaune ;
  - rouge et bleu ;
  - ou des teintes proches : bleu et mauve ou 2 valeurs : clair et foncé.
- *Consigne*

– Laisser **beaucoup**, **beaucoup** d'empreintes.
– Jouer avec l'espace : partout ou autour, ou d'un côté de la feuille, ou au milieu, etc.
– Commencer par la teinte la plus claire, puis la plus foncée.

Un exemple : allier bouchons **et** brosses qui donnent des traces rondes et plates, ou des éponges Spontex et des Coton-tige : traces carrées et petits points... Dans ce cas : éponge en clair, Coton-tige avec couleur plus foncée par exemple.

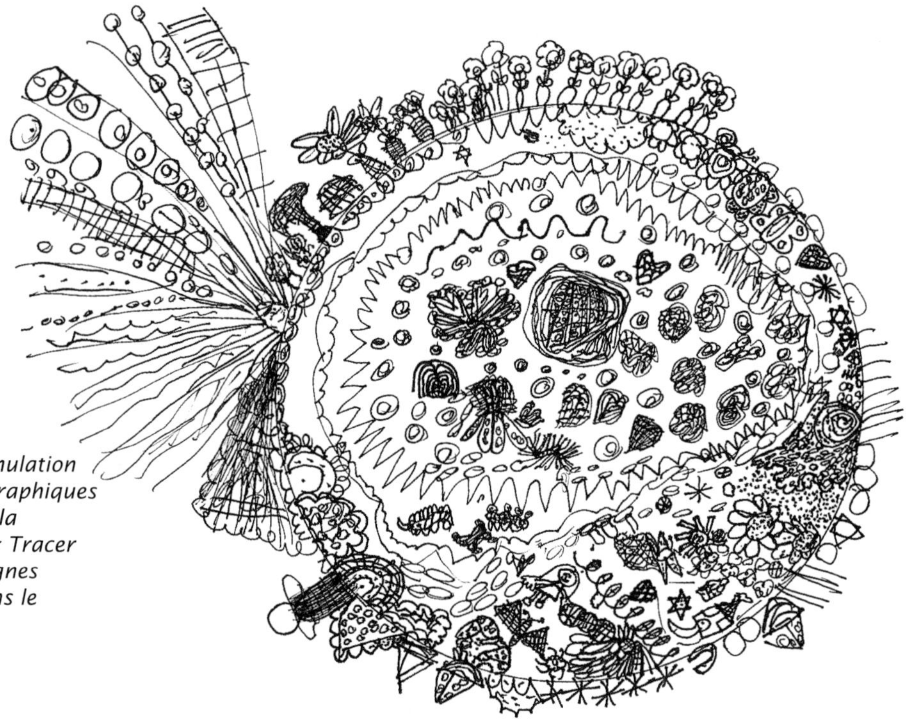

Jeu d'accumulation de signes graphiques à partir de la consigne : « Tracer de petits signes partout dans le cercle ».

Deuxième situation

Pratiquer le même type de travail, mais en **collage.** Coller beaucoup, beaucoup, ce qui va, à la fois, donner un effet d'accumulation, mais aussi rendre plus visible un effet de superposition qui apparaît (voir page 50).

Activité graphique

Première situation

On peut récupérer les essais des situations préalables et chercher les jeux graphiques que l'on peut pratiquer avec cette accumulation d'empreintes.

Les enfants qui ont l'habitude du travail en graphisme vont pouvoir chercher **et** suggérer des jeux possibles en choisissant : les instruments, le vocabulaire graphique, les tons.

Leur intervention sur ces empreintes va poursuivre l'effet d'accumulation et peut donner lieu à une impression de profondeur.

Deuxième situation

- *Format :* grand Canson.
- *Instruments :* rouleaux à peindre.
- *Matières :* encres ou gouache : utiliser la teinte la plus claire d'abord.
- *Couleurs :* 2 tons.
- *Consigne :*

– Faire des chemins avec les rouleaux (beaucoup, beaucoup).

– Avec des feutres ou des Coton-tige, compléter, cerner ou tracer sur les chemins.

- *Remarque :* comme le format est grand les enfants peuvent travailler à 2 ou 3.

Variantes

– Étendre la palette des couleurs : 3 au lieu de 2.

– Les rouleaux sont à utiliser avec les couleurs.

– Utiliser le maximum de graphismes : ronds et points – petits et gros – traits, lignes, et les combinaisons de ces éléments.

- *Remarque :* On pourra montrer aux enfants, après ce travail, des exemples d'œuvres d'artistes contemporains : Pollock, Simon Hantaï, Sam Francis (si possible en diapositives). (Voir l'ouvrage *Des peintres à l'école* n° 1, 2, 3, Pierre Dufayet, Catalogue du matériel éducatif, Nathan.)

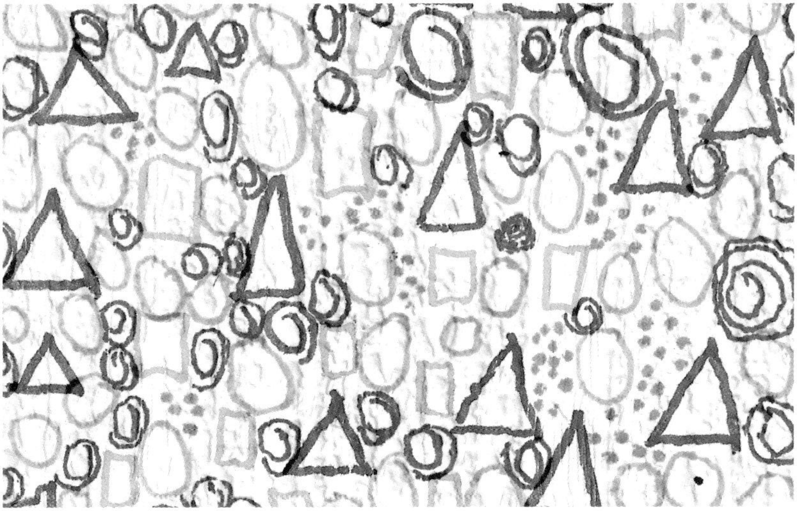

Un autre exemple de jeu d'accumulation sur un nouveau support : du papier peint cloqué.

6. Les jeux de graphisme

SUPERPOSITION

Objectif : **jouer avec la notion spatiale : *par-dessus,* comme variable utilisée consciemment**

Préalable

PREMIÈRE SITUATION

En groupe : déchiquetage d'images de revues, publicité, catalogues, etc.

- *Couleurs :* trier les couleurs dominantes des images déchiquetées.
- *Support :* une grande feuille de Canson blanc.
- *Consigne*

– Coller **beaucoup,** en choisissant une des couleurs dominantes déjà triées.

– Coller ensuite d'autres morceaux en choisissant une autre couleur dominante. On va forcément aboutir à ce qu'il y ait des morceaux collés **par-dessus** les premiers : il y a **superposition.**

AUTRES SITUATIONS : VARIANTES

- *Consigne :*

– Coller d'abord des morceaux gris et noir puis d'autres couleurs **par-dessus**.

– Coller des petits et des gros morceaux mélangés sur l'espace-feuille, dans un coin, au milieu, autour, etc.

– Travailler avec 2 ou 3 petits groupes. Donner des consignes différentes à chaque groupe : couleur, dimension, et faire ensuite une mise en commun, regarder, comparer... Ce moment ne doit pas durer.

Activité graphique

Première situation

- *Instruments :* craies grasses.

- *Format :* une carte postale de petit format, en papier un peu épais, mais peu granuleux, ou carton.

- *Consigne*

– Colorier avec 1 couleur en insistant et en passant la craie dans deux sens, puis repasser avec une autre couleur en deuxième couche.

– Utiliser un instrument qui permette de **gratter** la couche superficielle : stylo à bille pointu, sans encre ; bout de roseaux ou de bois, morceau de boîte de plastique dur cassée...

– Gratter mais en formant des dessins correspondant au vocabulaire graphique acquis.

Deuxième situation

Carte à gratter noire et blanche

– On peut acheter ces cartes à gratter, toutes prêtes et de belle qualité. On peut aussi les fabriquer avec les enfants sur du carton : passer une grosse couche de gouache blanche épaisse, laisser sécher, puis une couche ou deux d'encre de Chine noire. Les cartes obtenues sont tout de même de moindre qualité.

– Le grattage va faire apparaître la couche blanche ce qui donne des effets de forts contrastes noir et blanc, agréables à l'œil.

- *Consigne :* la même qu'en première situation. Penser à faire jouer les enfants avec **l'épaisseur** de la trace laissée par le grattage : fine, large, etc.

Troisième situation

- *Instruments :* craies d'art, crayons de couleur gras.

- *Format :* la moitié d'une feuille de format 21 x 29,3 cm.

- *Couleurs :* 2 ou 3.

- *Vocabulaire graphique :* choisir 2 éléments en introduisant les variables : grand, petit ; épais et fin ; exemple : ronds et lignes.

- *Consigne :* couvrir toute la feuille avec les éléments graphiques en 2 couleurs. Reprendre avec une troisième couleur par-dessus. Penser à faire prendre les craies d'art – à plat – ce qui laisse de larges traits, comme des chemins.

Prolongements possibles

– Recherche d'empreintes avec de petits instruments laissant des traces fines à la peinture.

– Grattage en graphisme libre autour des motifs déjà tracés.

Ce travail a été réalisé sur de la carte à gratter du commerce. L'enfant a fait varier l'épaisseur du trait et combine grattage et points à la gouache.

6. Les jeux de graphisme

JEUX VISUELS

Cartes - jeux

Objectif : **découvrir les métamorphoses opérées par la mise en mouvement de deux graphismes superposés**

Préalable

– Apporter des œuvres de Vasarely ou de créateurs du mouvement de l'art cinétique en grands formats.

– Regarder ces œuvres affichées en se déplaçant, donc en mouvement.

– Noter les changements qui semblent s'opérer au fur et à mesure qu'on se déplace et selon la vitesse à laquelle on se déplace.

Activité graphique

PREMIÈRE SITUATION

Prendre un petit carton, format carte postale, sur lequel la maîtresse a tracé les 2 médianes. Le donner aux enfants.

- *Consigne*

– Dans chaque rectangle, délimité par les médianes, tracer, au feutre, des lignes horizontales d'une couleur différente par carré : 4 couleurs, vert, bleu, rouge, noir.

– Donner le même format en Rhodoïd fin. Tracer **tout le long** des lignes horizontales, en alternant : rouge et bleu.

– La maîtresse fait un trou au milieu du carton et du Rhodoïd et efface les 2 médianes tracées au crayon.

– Les enfants superposent les deux surfaces et les fixent par une attache parisienne au centre.

– La carte de jeu visuel est prête : il suffit de faire tourner le Rhodoïd, plus ou moins vite, et des combinaisons de lignes : obliques, horizontales, verticales et de couleurs (les 4 couleurs) apparaissent.

▪ *Remarque :* utiliser des feutres à l'alcool plutôt que des feutres à l'eau sur le Rhodoïd ou des feutres spéciaux pour transparents. Sinon le frottement dû au mouvement a tendance à effacer les traits.

Deuxième situation

Fabriquer une autre carte sur le même principe ayant comme motif des ponts.

Une fois la carte achevée, on obtient d'autres effets visuels que ceux de la première carte.

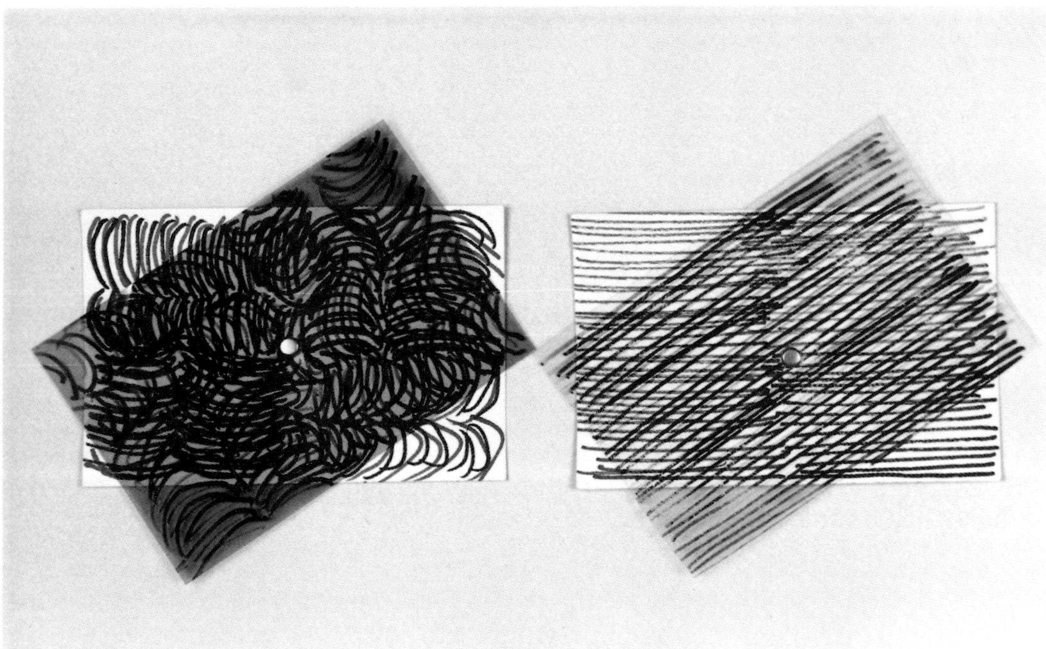

Prolongements possibles

Introduire des éléments de jeux visuels.

▪ *Acheter 2 ou 3 kaléidoscopes* dans lesquels on va regarder la combinaison des formes qui changent lorsqu'on agite le tube ; des *taumatoscopes* qui ne donnent pas les mêmes effets que les kaléidoscopes.

Les déposer ensuite dans le coin de graphisme à la libre disposition des enfants.

- *Apporter des miroirs déformants :* grossissants, amincissants, et jouer avec eux. Il en existe en petits formats et peu chers dans les rayons de produits de beauté des supermarchés.

On peut aussi se procurer en plus grand format des feuilles d'aluminium, un peu épaisses, que l'on déformera en leur donnant une forme concave ou convexe. Les enfants pourront s'y regarder et constateront toutes sortes de déformations.

- *Apporter également ces tableaux faits de sable de couleur.* Lorsqu'on les retourne, le sable s'écoule lentement et reconstitue un autre tableau, souvent un paysage.

Même chose pour ces sabliers faits d'eau et d'huile, composant des jeux de formes, toujours très esthétiques et fascinants.

- *Apporter également des reproductions de peinture,* de peintres qui ont travaillé sur la déformation ou, mieux, sur l'anamorphose.

Un bon exemple, très abordable pour les enfants, est celui du tableau de Dali intitulé *Figure paranoïaque.* Il représente une hutte africaine et quelques personnages assis devant. Lorsqu'on penche la gravure, un visage apparaît.

On peut trouver cette reproduction – en petit format – dans le n° 37 de la revue *l'Art et sa méthode* des éditions Fabbri.

On peut également terminer ce cycle de travail par des **jeux de déformations en découpage**.

Collage par exemple de visages ou corps humains, d'objets et de paysages.

6. Les jeux de graphisme

JEUX DE RÉPÉTITION

Objectifs :
- **inciter les enfants à tracer de longues lignes droites**
- **éduquer le regard : repérer implicitement des parallèles, en tracer**
- **jouer à répéter les mêmes signes graphiques**

Préalable

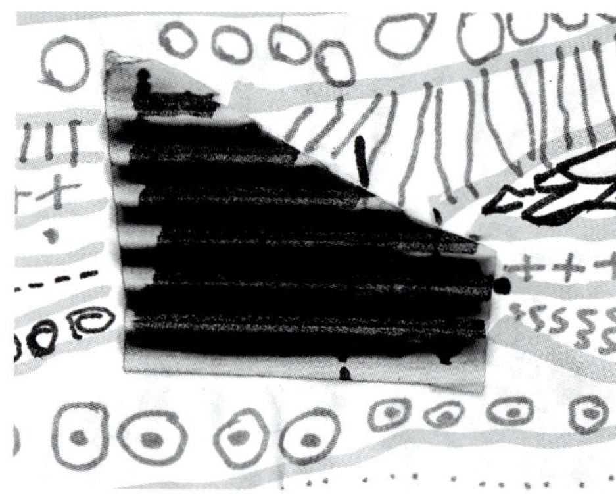

PREMIÈRE SITUATION

– Prendre du carton ondulé pour les arts plastiques.

– Découper des morceaux.

– Jouer à tracer des traits dans les creux du carton ondulé, librement : outils et couleurs choisis par les enfants.

DEUXIÈME SITUATION

– Prendre du carton ondulé et découper des morceaux.

– Essayer de faire des dessins : les enfants essaient comme la veille :
- ils tracent des traits ;
- ils font des points.

Mais ils s'aperçoivent que les possibilités de graphisme **sont réduites** et que l'on est donc forcément obligé de **répéter** le même motif.

Activité graphique

Les enfants reprennent les morceaux de carton ondulé de la situation précédente. Ils les collent.

- *Consigne*

– Tracer de longues lignes droites **entre** les morceaux de carton ondulé.
– Faire des petits dessins entre ces lignes en **répétant** les mêmes dessins.

B. Points de départ et association avec d'autres activités

1. Découpage et collage

INCITATION AU GRAPHISME

Objectifs :
- **utiliser le collage comme incitation au graphisme**
- **structurer l'espace-feuille par collage, puis graphisme**
- **inventer des formes graphiques et en réinvestir d'autres**

Préalable

– Découper des formes librement dans du papier Suptac brillant et de couleurs variées.

– Coller ces morceaux sur une grande feuille de kraft blanc de format 63 x 45 cm, **un peu partout** sur la feuille.

Ce travail collectif s'effectue par groupe de 4 à 5 enfants.

Activité graphique

- *Consigne*

– Remplir les espaces **entre** les papiers découpés.
– Utiliser le vocabulaire graphique déjà connu.
– Inventer de nouveaux petits dessins.
– Travailler avec un feutre noir.

- *Remarque*

– Les enfants utilisent un vocabulaire graphique très varié.
– Les variables grand-petit sont intégrées et employées.
– La variable **répétition** permet d'occuper l'espace.
– Des formes graphiques difficiles, comme le créneau, apparaissent et sont assez bien maîtrisées.

2. Peinture et graphisme

GRAPHISME ET PEINTURE

Objectif : **remplir librement un large espace avec un graphisme choisi par les enfants**

Préalable

– Faire un fond uni à la gouache sur une grande feuille de Canson.

Activité graphique

– Les enfants ont travaillé les jours précédents sur le vocabulaire graphique : les **lignes**.

– Certains ont travaillé sur les lignes **pointues,** d'autres sur les lignes **courbes**.

– Chacun a choisi : courbes ou pointues.

▪ *Consigne :* remplir la feuille en totalité avec des lignes, et en utilisant des feutres noirs.

Prolongements possibles

– À partir des réalisations des enfants : extension de l'activité graphique à une activité imaginaire : création d'un **récit oral** :

- 1 groupe : au pays du gai soleil : fond jaune.
- 1 groupe : au pays du bleu de la nuit : fond bleu.

– Laisser les enfants construire un court récit.

– Puis proposer aux 2 groupes une illustration *individuelle* ou une fresque collective (une fresque par groupe) de leur récit collectif uniquement à base de taches de peinture, de collages non figuratifs et de graphisme (chacun pouvant choisir un épisode, par exemple).

2. Peinture et graphisme : *Pollock, un peintre. Jackson Pollock (1912-1956). Convergence d'après la nouvelle poésie d'Alvarez (v. 1950) New York. Edimédia. © SPADEM 1992.*

2. Peinture et graphisme

POLLOCK, UN PEINTRE

Introduire des éléments culturels dans la classe

Objectifs :
- **regarder des œuvres de plasticiens contemporains**
- **jouer à imiter : à la manière de ...**
- **s'approprier une technique**
- **étendre ses capacités graphiques**

Remarque

– Les situations préalables vont être prédominantes dans un premier temps et se situeront en activité peinture avec des essais en graphisme, mais on pourra ensuite trouver avec les enfants des situations de réinvestissement graphique.

– Ce travail permet de jouer avec de nombreuses variables :
- couleurs
- instruments
- matières
- plan de travail
- formats : de grandes fresques sont possibles.

– Au terme des essais : on verra qu'associer peinture et graphisme ou encres (taches) et graphisme donne souvent de très beaux effets.

Préalable

PREMIÈRE SITUATION

– Apporter des œuvres de Pollock en petit format. Chaque enfant peut avoir sa reproduction, format carte postale et on peut afficher des œuvres en grand format.
– Regarder, chercher à comprendre la technique utilisée : c'est-à-dire des taches.
– Passer deux ou trois diapositives.

DEUXIÈME SITUATION

Situation d'essais en peinture
– Donner à 2 ou 3 petits groupes des matières différentes : encres de couleur, gouache, encre de Chine noire, ou brou de noix qui est d'emploi délicat.

– Chercher les instruments qui vont permettre de créer les taches.

▪ *Consigne :* faire des taches comme Pollock ; des petites et des grosses.

– Mise en commun - discussion.

Activité graphique

Inventer des graphismes à partir des taches :
– prolongements des taches ;
– jeux d'accumulation : **beaucoup** de taches en peinture et peu de graphisme ou inversement ;
– chercher des jeux de couleurs ou de valeurs par rapport aux taches ;
– mise en commun et discussion ;
Après observation les enfants remarquent que de la tache partent :
- des éclaboussures ;
- des dégoulinages.

Les éclaboussures se présentent plutôt comme une forme rayonnante. Les dégoulinages comme une ligne descendante.
– Jouer à nouveau à faire des taches mais avec des encres et de la peinture.
– Essayer de mieux maîtriser taches et dégoulinage : choix des instruments, des matières, du plan de travail...

Prolongements possibles

– Situations de réemploi des essais de taches pour chercher à nouveau des jeux graphiques **avec** et **autour** des taches ou **dans** les taches, etc.

– Certains enfants ont pensé à **cerner** les éclaboussures en élargissant le cercle des rayonnements puis même chose avec les dégoulinages.

Ce travail a donné des résultats esthétiques en choisissant des instruments fins :
- plumes } encre de couleur ou noire
- stylos à bille } couleur ou noir
- crayons noirs gras

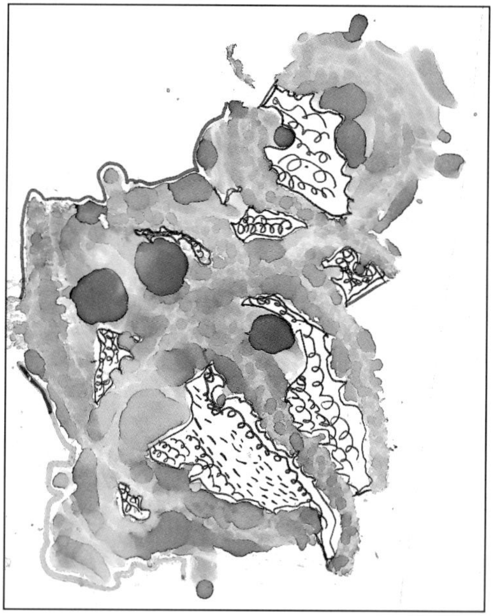

Travail réalisé par les enfants à l'aide d'encre et de feutres, « à la manière de Pollock ».

2. Peinture et graphisme

KLIMT, UN PEINTRE

Introduire des éléments culturels dans la classe

Objectif : **mêmes objectifs que ceux p. 61.**

Préalable

– Regarder plusieurs reproductions et des œuvres de Klimt (par exemple « Portrait d'Adèle Bloch-Bauer », Klimt, 1907, poster de l'Éducation enfantine, Nathan, n° 5, janvier 1991).

Repérer les éléments utilisés pour la construction du tableau :

- décoration ;
- fondu de la forme et du fond.

– Sur 1 feuille, essayer de reproduire tous les éléments graphiques que chacun a pu repérer.

Activité graphique

– 2 groupes de travail : 1 pour chaque panneau.

– 2 grands panneaux. Le fond est coloré avec des encres : encre jaune pour l'un des panneaux, encre verte pour l'autre.

– Les enfants découpent 2 visages de femmes, et les collent en haut des panneaux. Ils tracent le contour du corps et les vêtements de la femme. Ils remplissent le fond et les vêtements d'éléments graphiques empruntés à Klimt :

- volutes
- carrés ou rectangles } verticaux ou horizontaux
- triangles } petits ou grands
- lignes
- ronds

} beaucoup et serrés

- *Pour le panneau à fond jaune :*
  – graphismes avec feutres : jaune, clair ou foncé, doré, blanc et noir.
- *Pour le panneau à fond vert :*
  – emploi de feutres : vert, clair ou foncé, noir, blanc, décolorant et doré.

Les couleurs ont été volontairement restreintes.

Un autre effet de superposition avec de la peinture.

Jeux de répétition *(p. 56) : entre les lignes (imitées de celles du carton ondulé) les possibilités de graphisme sont limitées et l'on est obligé de répéter les motifs.*

Rythmes colorés *(à la manière de Sonia Delaunay) : les notions de répétition et d'espace délimité conduisent à la découverte du rythme.*

Peinture et graphisme : *Pollock, un peintre.*
a. Jackson Pollock (1912-1956) (p. 61)
Convergence d'après la nouvelle poésie d'Alvarez (vers 1950). New York. Edimédia, © SPADEM 1992.

Peinture et graphisme : *à la manière de Klimt (p. 63).*

b. À la manière de Pollock : taches à l'encre et graphisme au feutre.

Peinture et graphisme : **graphisme et peinture des aborigènes d'Australie (p. 65). L'observation de ces peintures vues à l'occasion d'une exposition temporaire à Montpellier (musée Fabre, 1990), permet aux enfants d'apprendre à regarder et d'utiliser un vocabulaire graphique repéré sur ces œuvres.**

Paddy Jupurrurla Nelson, né en 1919. Paddy Japaljarri Sims, né en 1916. Larry Jungarrayi Spencer, né en 1919. Warlpiri "Yanjilypiri Jukurrpa" (rêve d'étoile) Collection : Australian National Gallery. Canberra. Droits réservés.

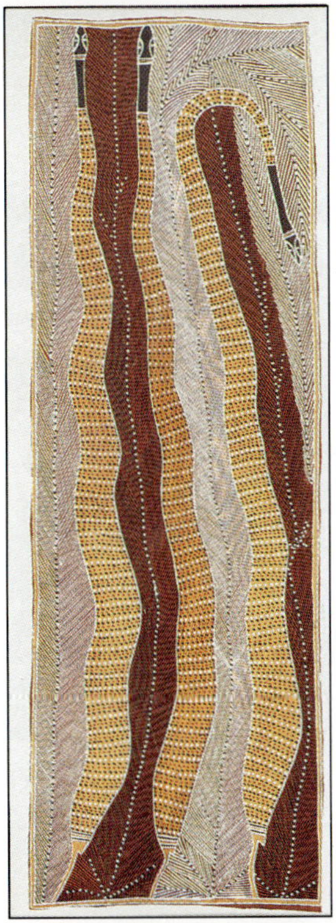

George Milpurruru. Ganalbingu. Né en 1934. "Gunungu, Python à tête noire", 1989. Terre d'Arnhem (centre). Ocres sur écorce d'eucalyptus. 197 x 64 cm. Collection : Australian National Gallery. Canberra. Droits réservés.

Peinture et graphisme *des aborigènes d'Australie : ce travail a été réalisé à partir du vocabulaire graphique tiré de l'observation des œuvres d'aborigènes.*

Encres et graphisme *(p. 72) : travail réalisé avec des encres sur du papier Canson de couleur (effet de transparence), puis complété en graphisme avec des traits.*

▲ ***Frottage et graphisme*** *(p. 76) : association du frottage, du découpage et du graphisme.*

▲ ***Empreintes et graphisme*** *(p. 82).*

▲ ***Peinture, collage et graphisme*** *(p. 84) : ce travail a été réalisé en utilisant rouleaux à peinture, feutres noirs, papier découpé. Les enfants ont été sollicités quant au choix des morceaux de papier à coller, au choix des couleurs, à l'utilisation des espaces entre les chemins, au choix du vocabulaire graphique.*

▲ ***Affichage et mise en valeur*** *(p. 86). Les travaux de vingt enfants de la classe ont été rassemblés pour former ce "tapis" très décoratif, exposé dans la classe.*

2. Peinture et graphisme

PEINTURES ET GRAPHISMES
des aborigènes d'Australie

Objectifs :

- **apprendre à regarder**
- **apprendre à regarder des œuvres d'artistes d'une culture différente de la nôtre**
- **réutiliser un vocabulaire graphique repéré sur les œuvres des aborigènes**

La visite par les enfants d'une exposition temporaire, présentant les œuvres d'aborigènes australiens au musée Fabre de Montpellier en 1990, a servi de base à la réalisation des 4 fiches qui suivent.

Préalable

– Visite du musée où sont exposées les œuvres.

– Rechercher, isoler les éléments utilisés :
  - essentiellement points et lignes ;
  - couleurs.

Activité graphique

L'institutrice donne aux enfants une petite feuille de format du 1/4 d'une feuille 21 x 29,7 cm, sur laquelle elle a reproduit en noir la structure d'une des peintures qui sert d'affiche à l'exposition.

- *Consigne*

– Faire un fond par frottage : une grosse craie sèche tenue à plat.
– Remplir les espaces avec le vocabulaire graphique repéré.
– Matériel : feutres fins } noir et
feutres moyens } de couleur.

Peinture et graphisme
des aborigènes d'Australie : Paddy Jupurrurla Nelson, né en 1919. Paddy Japaljarri Sims, né en 1916. Larry Jungarrayi Spencer, né en 1919. Warlpiri "Yanjilypiri Jukurrpa" (rêve d'étoile), 1985, Yuendumu, peinture acrylique sur toile, 372 x 171,4 cm. Jimmy Jungarrayi Spencer, le propriétaire de ce rêve, a guidé la main des peintres. Collection : Australian National Gallery. Canberra. D.R.

2. Peinture et graphisme

PEINTURES ET GRAPHISMES
des aborigènes d'Australie (suite)

Objectifs :
- **éduquer le regard**
- **isoler des formes**
- **répertorier les éléments isolés**

Situation graphique

▪ *Matériel :* 2 reproductions en couleur du catalogue de l'exposition ayant eu lieu au musée.

– Les enfants observent les reproductions à raison d'1 groupe pour chaque reproduction (travail mené en 3 courtes séances).

– Ils essaient de dire ce qu'ils voient.

– La maîtresse dessine au fur et à mesure ce qui est isolé et qui a été repéré par les enfants.

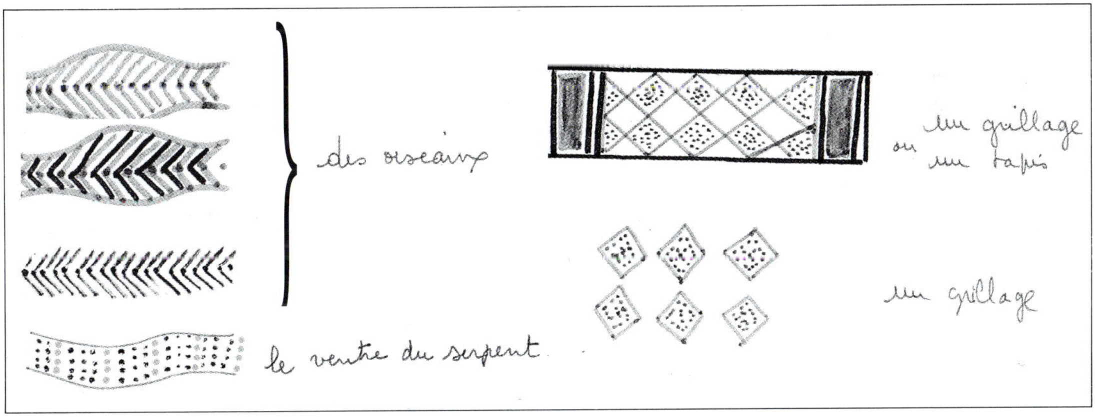

– Les reproductions ainsi que le répertoire des formes graphiques isolées sont ensuite affichés.

– Ces petites situations d'observation et de recherche vont donner lieu ensuite à des situations de graphisme (voir pages suivantes).

2. Peinture et graphisme

PEINTURES ET GRAPHISMES
des aborigènes d'Australie (suite)

Objectifs :
- **éduquer le regard**
- **utiliser les éléments isolés à la séquence précédente**
- **travailler avec les couleurs dominantes de ces œuvres**
- **utiliser une partie de l'espace-feuille**

Activité graphique

▪ *Matériel :* feuilles de format moyen. La moitié d'une feuille de 21 x 29,3 cm ou plus petit.

▪ *Instruments :*
- sanguines
- feutres fins
- crayons de couleur

} brun, beige, clair et foncé

▪ *Consigne*
- Faire des petits dessins au bord de la feuille.
- Ne rien faire au milieu.

▪ *Remarque*
- Les enfants ont bien su jouer avec le clair et le foncé.
- La symétrie est souvent utilisée spontanément.
- Des motifs décoratifs issus des œuvres des aborigènes apparaissent :
  - motif « les oiseaux » et des points (dessin d'Ana). ①
  - bord gauche et ronds et points (dessin de Nicolas). ②
  - ronds et points, lignes brisées et quadrillages (dessin de Céline). ③

On observe aussi des jeux de répétition.

① *Dessin d'Ana*

② *Dessin de Nicolas*

③ *Dessin de Céline*

2. Peinture et graphisme

PEINTURES ET GRAPHISMES
des aborigènes d'Australie (fin)

Objectifs : ***travail de synthèse***

- **éduquer le regard**
- **chercher des papiers ayant les mêmes tons que ceux des œuvres des aborigènes**
- **occuper l'espace-feuille selon les consignes données**
- **réutiliser certaines formes graphiques repérées dans leurs œuvres**

Préalable

– Chercher dans des catalogues, revues, etc., des papiers ayant les mêmes couleurs que celles des œuvres des aborigènes.

– Découper des morceaux ayant des formes qui ressemblent aux dessins des aborigènes.

– Coller ces petits papiers au **centre** de la feuille.

Activité graphique

▪ *Consigne*

– À partir des collages, faire des graphismes qui **relient** le centre au bord de la feuille.

– Utiliser 3 tons au moins en camaïeu.

– Essayer de se souvenir des dessins des peintres australiens.

▪ *Instruments :*

– feutres ;

– crayons de couleur ;

– sanguines.

▪ *Remarque :* Lucie a remarquablement bien intégré les consignes. Marion les a débordées et, parfois elle a utilisé un vocabulaire graphique tantôt emprunté à celui des aborigènes, tantôt à celui qui a été recueilli lors d'un travail sur Ulysse et les vases grecs. Leurs réalisations sont toutefois vibrantes et déjà complexes.

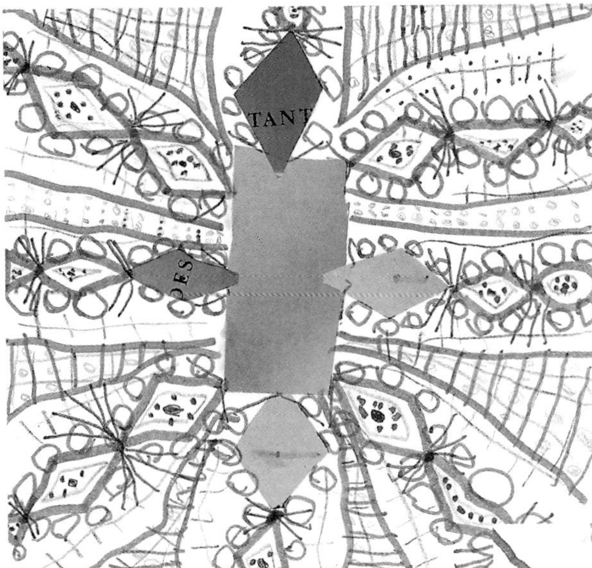

Travail de Lucie

Travail de Marion

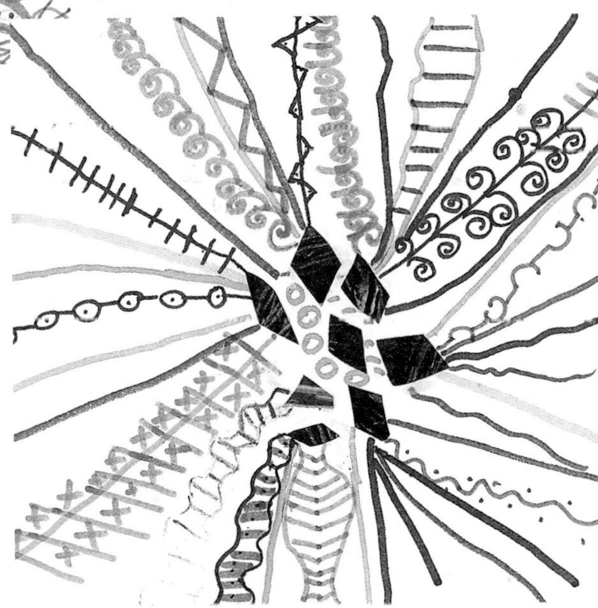

3. Encres et graphisme

TACHES D'ENCRE
ET REPRISE EN GRAPHISME

Objectifs :
- **utiliser, en les associant, des encres, puis des jeux graphiques**
- **réinvestir des variables déjà employées dans un jeu graphique**

Activité graphique

LES ENCRES

▪ *Consigne*

– Remplir la feuille de Canson de couleur claire avec des taches de couleur.

– Puis prendre les craies d'art et faire ce que l'on veut **par rapport** aux taches déjà étalées.

– Variables utilisées :
- fond : déjà coloré ;
- encres : de couleur ;
- craies d'art (dont 1 craie blanche) ;
- jeu de superposition : graphisme par-dessus les parties encrées (en fait 3 superpositions ont joué : fond jaune du Canson, encres, plus craies).

▪ *Remarque*

– On obtient un effet de transparence grâce aux encres.

Cet enfant déjà bien entraîné au travail en graphisme a perçu que les taches d'encre et les espaces sans encre pouvaient suggérer un mouvement ascendant. Il a renforcé cet effet par les traits de sa craie et des masses colorées.

Il n'y a eu aucune intervention de la maîtresse pendant son travail.

3. Encres et graphisme

LAINE IMBIBÉE D'ENCRE, PUIS GRAPHISME

Objectifs :

- **utiliser une technique nouvelle pour faire des taches d'encre**
- **tracer des graphismes en contraste avec les masses colorées des encres**
- **apprendre à utiliser : { – des espaces blancs laissés libres – des masses colorées } pour tracer des éléments graphiques *librement***

Préalable

PREMIÈRE SITUATION : EMPREINTE À L'ENCRE

▪ *Consigne*

– Choisir quelques coloris parmi les encres.

– Prendre des fils de laine assez gros et les tremper dans l'encre.

– Placer les fils sur une feuille blanche, puis les compresser dans un gros catalogue : catalogue de vente par correspondance, ou dans un album à tapisserie.

– Presser et retirer les feuilles. Laisser sécher.

On peut obtenir d'autres effets en déplaçant, en réimbibant les brins de laine ou en en ajoutant d'autres.

Activité graphique

DEUXIÈME SITUATION

– Remplir les espaces laissés libres par des éléments graphiques tracés au feutre noir.

▪ *Remarque :* ce travail avec des consignes larges permet à chaque enfant de faire un travail personnel et de réinvestir les acquis graphiques précédents.

Prolongements possibles

Même travail avec des morceaux de tissu de laine et non plus des fils (masses colorées plus amples).

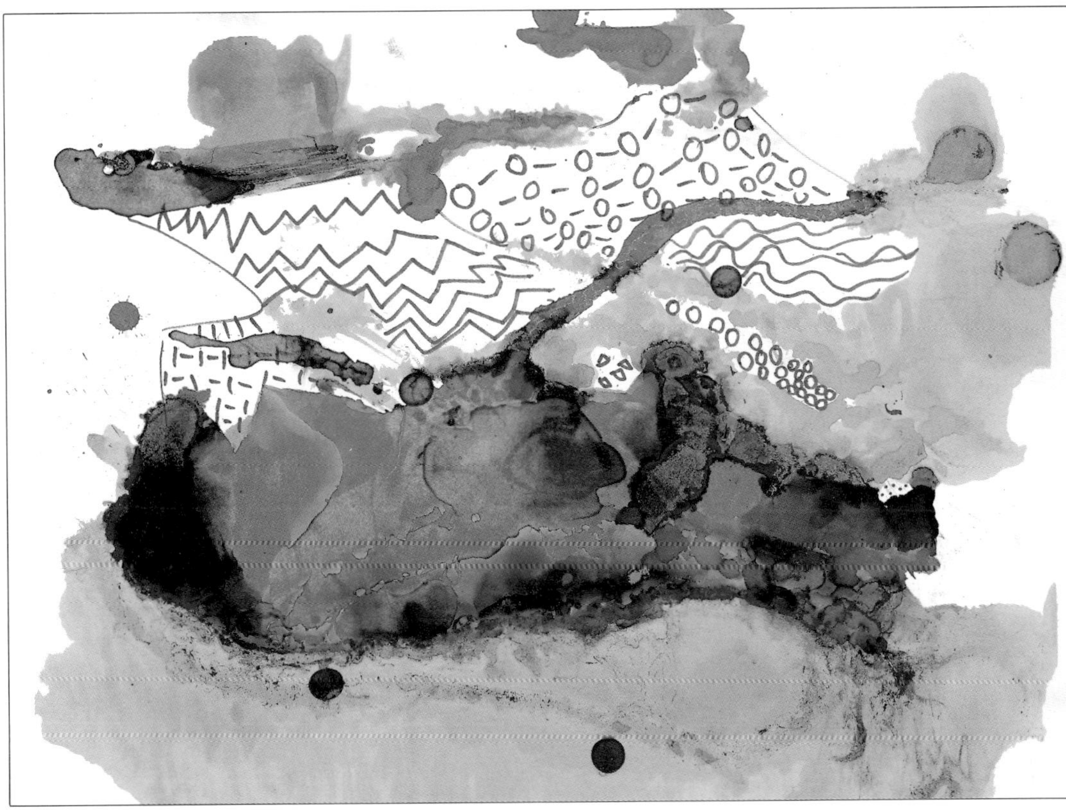

4. Frottage et graphisme

PREMIERS ESSAIS

Premières réalisations

Objectifs : **s'entraîner à des jeux graphiques renouvelés par des points de départ différents**

augmenter l'habileté en motricité fine par ces associations avec d'autres techniques

Préalable

Laisser les enfants chercher des surfaces laissant des traces après frottage.

- *Matériel :*
  - craies sèches, craies en plastique de type Plastidécor de Conté. Tenir l'instrument à plat ;
  - papier : pas de papier trop fin, trop mou, son épaisseur – assez, mais pas trop – va faciliter le frottage.

- *Consigne :* partir à la chasse de toutes sortes de traces, dedans ou dehors. Quand les enfants reviendront, leur demander l'origine de la trace et la noter sur leur papier.

Comme pour le répertoire graphique, on peut constituer un panneau récapitulatif en 2 colonnes :

– les papiers frottés, en une colonne ;

– le dessin de l'origine de la trace (mur, jeu de construction, banc, semelle de soulier, papier peint, tissu, etc.) en une autre colonne.

Si le mot est simple et peut être retenu, on peut l'écrire.

Activité graphique

PREMIÈRE SITUATION

- *Support :* papier peint granité.

- *Instruments :* craies sèches de couleur utilisées à plat.

- *Consigne*

– Frotter le papier posé sur la feuille de papier peint comportant un motif figuratif, par exemple feuilles ou fleurs, parce que cela attire les enfants.

– Ils ont le plaisir immédiat du résultat facile : ils voient apparaître en couleur le motif du papier peint.

– Penser à la superposition des couleurs en frottant 2 fois ce qui donne de beaux résultats.

– Chercher des jeux graphiques adaptés aux formes données par le frottage.

Deuxième situation : Variantes

– Avec un petit groupe, chercher 1 ou 2 surfaces non représentatives à frotter avec des craies.

– Compléter par des jeux graphiques.

– Varier ensuite les instruments utilisés, les tons et le vocabulaire graphique qui peut être guidé.

Pour le frottage :

– 1 ou 2 petits groupes ;

– la moitié d'une feuille de kraft beige de format format 21 x 29,3 cm ;

– des craies sèches marron clair, pour le frottage.

- *Jeux graphiques :* utiliser des fusains sépia ou terre d'ombre, des sanguines, éventuellement un crayon gras de couleur blanche. À défaut utiliser des feutres de même teinte.

- *Consigne*

– Travailler uniquement avec des traits obliques et des points (épais ou minces, gros ou petits) ou bien avec des gros ronds, des petits ronds et des points.

– Travailler seulement **le tour** de la feuille.

4. Frottage et graphisme

POINTS DE DÉPART ET ASSOCIATION AVEC D'AUTRES ACTIVITÉS

Autres propositions

Objectif : **s'entraîner à pratiquer des jeux graphiques qui aboutissent à des progrès et à des acquis par le choix de diverses variables**

Préalable

– 3 groupes de 5 à 6 enfants.

▪ *Situation collective*

– Prendre 3 grandes feuilles de Canson pas trop épais : une noire, une blanche, une en couleur.

– Chaque groupe choisit sa feuille.

La surface frottée doit être assez granuleuse pour laisser des traces sur le Canson, ce qui n'est pas très facile : faire des essais.

CANSON NOIR	CANSON BLANC	CANSON COULEUR
– Prendre 1 craie sèche blanche – ou 2 craies de couleur	– craies sèches – 3 couleurs	– même ton que le Canson mais plus foncé – et 1 autre couleur

▪ *Consigne*

– Ne pas chercher à couvrir la totalité de la feuille mais que chacun frotte une **petite** surface.

– On peut tourner la feuille et superposer 2 frottages.

– Il doit rester des surfaces libres.

Après les frottages les 3 Cansons sont affichés ou posés sur des tables.

Activité graphique

Chaque groupe travaille à occuper les espaces vides par des graphismes au choix.

- *Consigne :* par feuille de Canson
  - groupe 1 : **accumuler** les éléments graphiques ;
  - groupe 2 : **accumuler** dans certains vides, mais **un peu** et **écarté** dans d'autres, sur la même feuille ;
  - groupe 3 : travailler les vides en remplissant **un peu**.

- *Instruments :* roseaux et encres, stylos à bille, feutres, Coton-tige, crayons noirs gras ou de couleurs.

VARIANTES

CANSON NOIR	CANSON BLANC
Couleurs utilisées : – blanc ; – doré ou argenté ; – les mêmes couleurs qu'au frottage.	Couleurs utilisées : – noir ; – gris de valeurs différentes ; – couleurs.

– Mise en commun des 3 groupes.
– Observation et remarques (de courte durée).

4. Frottage et graphisme

POINTS DE DÉPART ET ASSOCIATION AVEC D'AUTRES ACTIVITÉS

Frottage, déchiquetage, découpage, collage et graphisme

Objectif : **investir ses savoir-faire dans des situations de plus en plus complexes**

Préalable

– Effectuer des frottages sur feuille blanche :

- choisir un support qui fournisse des frottages à traces fines et régulières ;
- utiliser plusieurs couleurs à la fois ;
- utiliser des craies sèches ;
- superposer les frottages.

– Découper des formes courbes dans la feuille blanche comportant les frottages.

– Les coller sur un Canson noir (le 1/4 d'une grande feuille) en laissant des vides.

Activité graphique

Relier les formes découpées par des jeux graphiques en utilisant le vocabulaire graphique déjà acquis.

- *Instruments :* crayons blancs utilisés pour les anciennes ardoises noires.

- *Remarque*

Céline a fait ce travail en grande section au mois de janvier. Elle n'a pas eu envie d'achever son travail. Le format était assez grand, il est vrai. Les éléments graphiques employés sont nombreux. On note que la variable **répétition** est très présente.

4. Frottage et graphisme

POINTS DE DÉPART ET ASSOCIATION AVEC D'AUTRES ACTIVITÉS

Frottage, déchiquetage, découpage, collage et graphisme (suite)

Préalable

– Partir à la chasse aux frottages, individuellement, avec du papier blanc et des craies de plusieurs couleurs (4 ou 5).

– Ceci fait, mettre tous les frottages en commun.

– Déchiqueter toutes les feuilles en morceaux petits et moyens.

– Prendre un grand Canson de couleur, soit assorti aux couleurs des frottages, soit en contraste.

– Coller les morceaux sur le Canson – comme on veut – 1 groupe.

▪ *Consigne :* coller les morceaux : beaucoup et serrés, les superposer à certains endroits, mais laisser des espaces libres.

Activité graphique

PREMIÈRE SITUATION

▪ *Consigne*

– Remplir les espaces laissés libres avec des jeux graphiques.

– Attention aux couleurs : ne pas les multiplier. Reprendre celles qui ont été employées lors du frottage, ou des tons plus foncés, ou bien ajouter du blanc.

DEUXIÈME SITUATION ET VARIANTES

– Utilisation de gommettes.

– Travail individuel.

▪ *Consigne*

– Effectuer des frottages.

– Les découper en morceaux et les coller sur Canson noir : 1/4 de grande feuille.

– Coller des gommettes pour continuer les collages... comme on veut.

– Puis graphisme :

- dans les espaces vides ;
- autour des collages ;
- sur les frottages.

C. Les associations

1. Empreintes et graphisme

POINTS DE DÉPART ET ASSOCIATION AVEC D'AUTRES ACTIVITÉS

Chasse aux empreintes et graphisme

Objectif : **répondre à des situations nouvelles en adaptant son geste par rapport à un point de départ donné**

Préalable

Chercher tout ce qui peut laisser une trace, une empreinte sur le papier.

- *Matières :* – gouache un peu épaisse ;
  – encres.

- *Instruments :* jeux de construction, bouchons de liège, capsules de bouteille, coquilles de noix et coquillages, tissus à grosse trame, etc.

ou bien : légumes coupés en 2, dans le sens de la longueur ou inversement. Penser aux choux-fleurs, aux carottes, etc.

Comme pour le frottage, recueillir les essais et faire un tableau à deux colonnes : une colonne pour l'empreinte, l'autre pour le dessin de l'objet ayant produit l'empreinte, ce qui constituera un répertoire d'empreintes.

Activité graphique

PREMIÈRE SITUATION

– Travailler en 2 groupes, mais individuellement.

– Choisir un type d'empreinte, la répéter sur la feuille.

– Faire des lignes d'empreintes avec de larges espaces **entre** les lignes.

– Remplir les espaces vides, en ligne, eux aussi, avec des jeux graphiques : petits points et ronds, ou lignes épaisses et fines, ou traits perpendiculaires aux lignes formées par les empreintes.

Deuxième situation

– Prendre une 1/2 feuille de format 21 x 29,3 cm, la plier en deux, puis la déplier.
– Mettre **beaucoup** d'empreintes de couleur sur la moitié gauche, et faire des jeux graphiques en noir et gris avec de gros feutres sur la moitié droite.
– Même chose avec 2 couleurs complémentaires, pour pratiquer des jeux de **contrastes.**

Troisième situation

– 1 groupe.
– Prendre une 1/2 feuille de format 21 x 29,3 cm ou un 1/4, pour les enfants qui se fatiguent vite.
– Faire des empreintes tout **autour** de la feuille.
– Tracer des éléments graphiques qui viennent doubler en un deuxième tour les empreintes déjà faites. On peut même faire un troisième tour avec des graphismes plus petits, plus fins.

- *Couleurs :* bleu foncé - bleu clair ;
  ou beige clair et sépia ;
  ou noir et 2 gris, plus ou moins clairs.

Variantes

– Même travail, mais avec des empreintes choisies, de formes rondes (petits bouchons ou queue de carottes coupées).

- *Jeux graphiques*

– Entourer ces formes laissées par les empreintes et faire un deuxième tour, uniquement en graphisme. Penser aux tons à choisir.
– L'inverse : jeux graphiques tout autour de la feuille, empreintes au milieu, avec encres, mais **beaucoup** et superposées.

2. Peinture, collage et graphisme

ASSOCIATION

Graphisme et plusieurs autres activités de motricité fine

Objectifs :

- **pour le maître : utiliser les acquis des enfants dans des situations plus complexes**
- **pour les enfants : s'entraîner dans une situation de maîtrise des instruments, de l'espace, des couleurs, etc.**

Remarque

Cette situation intervient après des semaines de jeux graphiques variés.

Préalable

– Situation assez libre avec consignes **larges.**
– Utilisation de plusieurs variables.

Peinture : on donne des rouleaux et de la gouache.

- *Consigne :* faire des chemins avec le rouleau sur un grand Canson.

Collage : on peut utiliser des petits morceaux de papier prédécoupés se trouvant dans le coin découpage-collage.

Activité graphique

On remplit les blancs avec des éléments du vocabulaire graphique déjà acquis. Les enfants ont déjà utilisé largement gros et petits ronds, points, croix, carrés, lignes, etc.

- *Consigne :* remplir les espaces libres avec un feutre noir.

- *Remarque*

Les variables à maîtriser au cours de cette situation :
– 2 instruments différents : rouleaux et feutres ;
– collage de morceaux de formes différentes à choisir ;
– couleur, plus noir et blanc – les espaces entre les chemins ;
– vocabulaire graphique à employer.

Ce très beau « tableau » a été exécuté en début d'année scolaire.

D. Affichage des productions

Affichage et mise en valeur

PRODUCTIONS DES ENFANTS
MISES EN VALEUR PAR EUX-MÊMES

Objectifs : **apprendre à voir un ensemble**

mettre en page ses propres productions

Situation graphique

Avec 2 groupes de travail :
- faire des jeux de vocabulaire graphique sur des petits carrés de 10 x 10 cm ;
- choisir 3 couleurs de ce papier ;

▪ *Instruments* : feutres de couleurs et feutres dorés, crayons de couleur gras.
La maîtresse donne 2 grands panneaux de papier blanc pour afficher les carrés.

▪ *Consigne :* coller les petits carrés en trouvant la plus jolie disposition possible pour faire de ce panneau une affiche, qui sera fixée au mur.

▪ *Remarque*

– 2 groupes d'enfants ont trouvé des mises en page différentes :

▪ un premier groupe a disposé les carrés obliquement sur la feuille, laissant de larges blancs ;

▪ un autre a trouvé un alignement avec une alternance des couleurs, complexe et méthodique, de façon à couvrir complètement la surface du panneau.

E. Les contrastes

Contrastes et éléments de graphisme

NOIR ET BLANC
ET GRAPHISME

Objectifs :
- **travailler sur des contrastes : le noir et le blanc, pour le fond et les formes**
- **inverser ensuite pour exercer le regard**
- **accumuler les lignes : vocabulaire graphique simple mais qui demande de l'habileté sur des grandes surfaces**

Préalable

Un petit groupe se badigeonne les mains de gouache noire et les plaque sur une grande feuille de Canson blanc. Laisser sécher.

Activité graphique

- *Consigne :*

– Remplir uniquement avec des lignes noires les espaces entre les mains.
– Deux jours après : faire le **contraire** du premier panneau.

Après observation du panneau précédent et discussion avec les enfants, on arrête les consignes pour ce nouveau travail :

– fond noir : grand Canson ;
– mains blanches en prenant de la gouache ;
– lignes blanches à tracer **entre** les empreintes de mains.

- *Consignes complémentaires :*

– des lignes longues :
– beaucoup.

- *Remarque*

– On obtient ainsi un effet de **mouvement.**

– Par ailleurs, à certains endroits, la densité des lignes, grâce à la consigne « beaucoup », est une réussite.

– L'affichage de deux panneaux côte à côte, permet de conserver devant les yeux l'effet de contraste.

Le travail ci-dessous a été fait en début d'année.

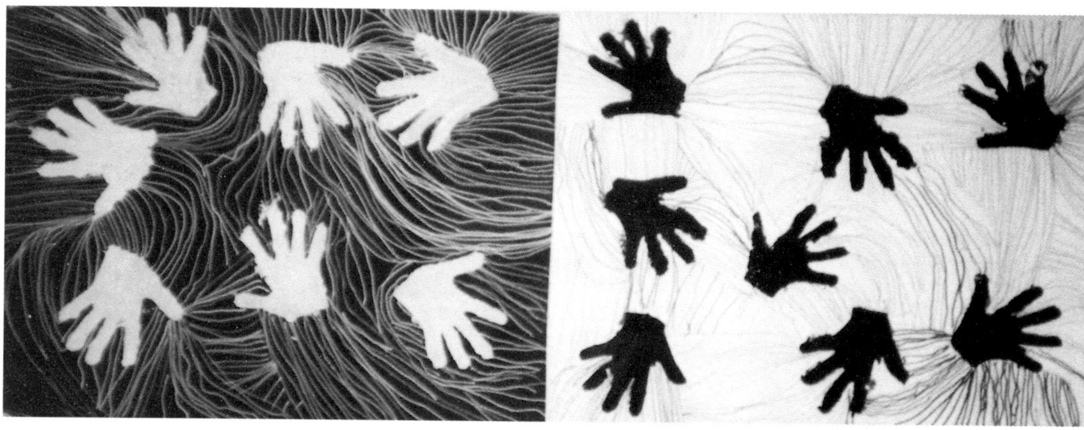

Contrastes et éléments de graphisme

NOIR ET BLANC
ET EMPREINTES

Objectifs :
- **travailler sur des contrastes forts**
- **associer empreintes et graphisme**
- **utiliser un outil nouveau : la plume**

Préalable

– Chercher des objets pouvant laisser des empreintes bien visibles à l'encre blanche.

– Faire des empreintes en blanc sur fond noir : empreintes en creux ou en pleins.

▪ *Instruments :*
- fourchettes de pique-nique, en plastique ;
- jeux didactiques ;
- tubes de diamètres différents, en carton ;
- tampons : empreintes pleines.

Activité graphique

– La maîtresse donne de la gouache blanche : on peut aussi travailler avec de l'encre de Chine blanche.

– Elle distribue des porte-plume avec des plumes à bout légèrement aplati. Les enfants ont testé ces plumes lors d'une séance précédente, librement.

▪ *Consigne*

– Remplir les vides **entre** les empreintes.

– Relier les empreintes les unes aux autres.

Les enfants sont libres de choisir leur vocabulaire graphique.

- *Remarque*

Christelle : ▪ a organisé son espace en : intérieur/extérieur. Un espace clos au centre, une sorte de circulation dans le pourtour noir extérieur.

▪ Elle a surtout travaillé avec des lignes, pourtant difficiles à tracer avec les plumes parce qu'il faut exercer une forte pression sur le porte-plume pour obtenir une trace régulière.

▪ Elle a aussi utilisé des traits et pointillés.

Afed : ▪ a eu plus de mal à laisser une trace très visible : on retrouve le problème de la coordination préhension/pression : il est difficile de guider son geste tout en maîtrisant la pression nécessaire.

Conclusion

Ce parcours de jeux d'activité graphique est forcément inachevé. Le tableau des variables à utiliser fournit à chacun la possibilité de se lancer, avec les enfants dans d'autres jeux, par de nouvelles combinaisons de paramètres. Les situations proposées peuvent toujours être précédées d'activités libres dans le coin graphisme et mieux préparer de la sorte l'enfant à aborder les situations à consignes.

Si l'on veut tenter d'évaluer de façon très globale le résultat d'un travail régulier dans ce domaine, on peut noter les indices positifs suivants.

– Les enfants sont eux-mêmes **satisfaits** de leurs œuvres. Déjà pourvus de sens critique, le fait d'avoir un sentiment personnel de réussite leur permet d'affronter d'autres situations du même type.

– Parallèlement, le regard des adultes – parents, autres enseignants – sur leurs productions est également **favorable.** La gratification apportée par la réussite est renforcée par les remarques qui sont faites sur les œuvres. De la sorte le geste graphique qui demande concentration et précision représente de moins en moins un effort frustrant, pénible. Il est agréable à l'enfant.

– À l'âge du plaisir à se mesurer à soi-même, du goût de la virtuosité, on constate des demandes spontanées chez les enfants, dans les moments de détente, comme l'accueil ou les garderies du soir. Les petites filles sont les plus demandeuses.

– On constate également que, en cours d'année, les enfants inventent eux-mêmes leurs jeux graphiques, à partir du vocabulaire constitué et acquis.

– Ils perçoivent infiniment plus d'éléments dans leur environnement, et leur vision dépasse le domaine des productions de type graphique. Du voir ils sont passés au regarder.

Leurs rapports à la publicité omniprésente, tant sur les murs, dans les revues qu'à la télévision, fonctionne davantage sur un mode actif, et non sur un mode de réception passive. Leurs remarques en témoignent.

Ils se promènent maintenant dans un monde qui est « **architecturé** » par les paramètres sur lesquels ils ont travaillé : les verticales des murs des maisons ou des troncs d'arbres, les horizontales des trottoirs, les courbes des nuages, les accumulations des maisons ou les espaces blancs, dégagés, des places, ou d'un canal... Tout peut être **reconnu** comme référence à du **connu.**

Enfin, on leur a donné le moyen d'entrer dans le monde de la culture et des cultures, puisque les instituteurs ont travaillé sur des références variées : œuvres anciennes ou contemporaines, européennes ou de pays plus éloignés.

Curieusement, d'ailleurs, certains motifs décoratifs compliqués et difficiles à reproduire sont restés dans leur mémoire visuelle, et ont été réutilisés dans leurs graphismes. Comme si certains de ces motifs contenaient une signification plus ou moins perceptible par ces jeunes enfants.

On peut donc dire que ce travail d'activité graphique, doublé de cette indispensable imprégnation culturelle, devient un voyage dans un monde visuel de plus en plus décodable, ayant de plus en plus de sens pour les enfants, et leur apportant émotion et plaisir. À six ans, en sortant de la grande section, ils ne sont déjà plus ces **analphabètes du regard**, que François Mathey[1], auteur d'un livre sur le peintre Hundertwasser, dénonçait.

« L'homme est gagné par un analphabétisme pire que celui de ne pas connaître ses lettres. L'homme ne sait plus voir, comble pour une civilisation qui communique essentiellement avec les images. »

« Voir pourtant les différences, c'est déjà créer… C'est effectivement le premier palier de l'art, lorsque, dans le chaos, nous percevons des signes. »

1. Hundertwasseur, François Mathey, Flammarion, 1987.

Récapitulatif des encarts en couleur

ENCART N° 1 :

PAGE I. *Dessins 1, 2, 3 :* Recherche de vocabulaire graphique et motricité (p. 22) : les balles et les ballons, les rubans.

Dessin 4 : Vocabulaire graphique : répertoire (p. 31.)

PAGE II. *Dessin 5 :* Vocabulaire graphique : répertoire (p. 31).

Dessins 6 et 7 : Réinvestissement du travail de recherche de vocabulaire graphique.

PAGE III. *Dessin 8 :* Les supports : toile-émeri et papier de verre (p. 33).

Dessin 9 : Les formats : les étiquettes (p. 35).

PAGE IV. *Dessin 10 :* La quantité : les variables peu - beaucoup (p. 44).

Dessin 11 : Les jeux de graphisme : superposition (p. 50).

ENCART N° 2 :

PAGE V. *Dessin 12 :* Jeux de graphisme : superposition (p. 50).

Dessin 13 : Jeux de graphisme : répétition (p. 56).

Dessin 14 : Rythmes colorés : à la manière de Sonia Delaunay.

PAGE VI. *Dessin 15 :* Peinture et graphisme : Jackson Pollock, un peintre. Convergence d'après la nouvelle poésie d'Alvarez. New York. ÉDIMÉDIA - © SPADEM 1992 (p. 61).

Dessin 15 : Peinture et graphisme : à la manière de Pollock (p. 61).

Dessins 17 et 18 : Peinture et graphisme : Klimt, un peintre. À la manière de Klimt (p. 63).

PAGE VII. *Dessins 19 et 20 :* Peinture et graphisme des aborigènes d'Australie. Paddy Jupurrurla Nelson, Paddy Japaljarri Sims, Larry Jungarrayi Spencer. Warlpiri "Yanjilypiri Jukurrpa" (rêve d'étoile), 1985. Australian National Gallery. Canberra. Droits réservés (p. 65).

George Milpurrurru. Ganalbingu. Gunungu, python à tête noire. Australian National Gallery, Canberra. Droits réservés (p. 65).

Dessin 21 : Peinture et graphisme : à la manière des aborigènes d'Australie (p. 65).

Dessin 22 : Encres et graphisme : taches d'encre et reprise en graphisme (p. 72).

PAGE VIII. *Dessin 23 :* Frottage et graphisme : premiers essais (p. 76).

Dessin 24 : Empreintes et graphisme : chasse aux empreintes (p. 82).

Dessin 25 : Peinture, collage et graphisme (p. 84).

Dessin 26 : Affichage et mise en valeur (p. 86).

Dans la même collection

Peindre autrement

Créer des formes nouvelles

Lieux d'écoute

Graphisme en petite section

Graphisme en moyenne section

Graphisme en grande section

Jeux moteurs en petite section

Activités motrices en moyenne et grande sections

Jeux sportifs collectifs

Devenir attentif

Écoute et regarde

Apprendre à percevoir, anticiper, réagir

L'enfant, le nombre, la numération

17 jeux mathématiques en petite section

17 jeux mathématiques en moyenne section

17 jeux mathématiques en grande section

Les mathématiques par les jeux – Tome I (petite et moyenne sections)

Les mathématiques par les jeux – Tome II (grande section)

Activités mathématiques – Tome I

Activités mathématiques – Tome II

Paroles et histoires pour les 4/5 ans

Des livres avant de lire

20 histoires pour les 3 ans

Pour une pédagogie réussie de la langue

La lecture, premiers supports – Tome I

La lecture, approfondissons – Tome II

La lutte à l'école

Esthétique et environnement

Petits récits pour raconter, rire et inventer

Météo, temps et espaces

Coordination éditoriale : **Nathalie Autret**
Édition : **Christine Ligonie**
Mise en page : **Xavier Hüe**
Composition : **Nicole Pellieux**

N° d'éditeur : 10114609 - Dépôt légal : Avril 2005
Imprimé en France par l'imprimerie EMD S.A.S.
53110 Lassay-les-Châteaux
N°dossier : 13508